U0031248

行孝

激發匠人精神的核心秘訣

秋山利輝 —— 著

陳曉麗 —————— 譯

| 目錄 |

薪火相傳，報恩人生
——師徒制：父母心 × 孝子心
◎梁正中 (匠人精神〔孝道〕傳習中心發起人)

　　近年秋山木工坊主人秋山利輝先生所寫的《匠人精神》I、II 中文版上市以來，很多華人企業家、教育工作者等「追星」到日本「取經」，甚至有家長想把孩子送進工坊受教，然而，幾乎都無功而返。

　　或許是因為，外行的只看熱鬧，內行方知看門道？

　　到底秋山木工修的是哪一門？行的到底是哪一道？

　　秋山木工坊於秋山利輝先生二十七歲時（一九七一年）創立，類似傳統「店家」──「前店後家」模式。秋山先生少時得益於「師徒制」，過程中看到越來越多工匠讓技藝淪

為爭名奪利的工具，因而立志改變「時弊」開辦工廠，但定位為「學校」，旨在「為二十一世紀日本乃至世界培養一流人才」。

秋山木工坊本質上是師徒共住八年的家，是木匠的技校，更是磨練心性的道場。他把９５％時間心力花在教育人品。秋山弟子在會社宿舍過集體生活，一起掃除、做飯、幹活，日復一日歷事練心，以期德技雙修，成就儒家君子的人品之根：從孝道而學「君子素位而行」。透過學會為人徒弟（學生），同時也明白如何為人子女。學徒五年期滿，經考核成為工匠後，還有三年「報恩期」，要練習帶領新進同學、學會為人師父（老師），同時也為來日為人父母作預備。

首先來看秋山先生如何作師父？如何為人父母？

一、德的層面：秋山先生是「學為人師、行為典範」的師父，傳道、授業、解惑。與一般工廠不同，秋山先生創業初衷就是要傳承匠人精神，而人的精神若欲彰顯在平常日用中，仍不外乎中國儒家的修齊之道：齊家在一人身修，修身在立德（即正心誠意），德之本在孝。正如《孝經》所開宗明義：「孝者，德之本也，教之所由生也。」

二、技的層面：秋山先生是日本一流工匠，其作品很早就被選為日本皇室御用。

三、家的層面：秋山先生是弟子們的嚴父，教導過程一如禪宗師父，非棒即喝，嚴格評審、不輕易表揚，以助弟子破除小我、發明心地，從而激發他們恭敬的孝心，及大公無私為天下的胸懷；秋山先生也是弟子們的慈母，教大家學習生活、鍛鍊身體、乃至協助成家，慈愛滿滿。凡弟子結婚，秋山先生都會致上祝賀禮金；婚後生了孩子，也還另贈禮金。

《孝經・聖治章》說：「聖人因嚴以教敬，因親以教愛。聖人之教不肅而成，其政不嚴而治，其所因者本也。故不愛其親而愛他人者，謂之悖德；不敬其親而敬他人者，謂之悖禮。」重在傳承的「師徒制」育人方式，實則是師道、孝道合一。秋山先生為人師父，的確名副其實「亦師亦父」。

秋山先生喜歡隨身攜帶家譜，每日念誦父母和祖先的名諱。秋山木工坊的訪客應該都看過他展示的十二代家系圖。這些年，我很榮幸常受邀到秋山先生家作客，最讓我感動的就是見他一大家子和樂融融。秋山先生家是當今少有的大家庭，十二人一起生活，各司其職，忙中有序，即便是幼小稚

子也會主動為賓客奉茶、整齊擺放鞋子，努力分擔力所能及的家事。

秋山先生家平常對弟子們也是完全敞開的。在家，他把自己活成子孫的榜樣；在工坊，他也是弟子們的楷模。今天有多少人做企業、辦學校、乃至養兒育女的目標，是為了國家、民族乃至世界培養一流人才？有多少人意識到自己心性的真修實練是最重要的前提？如果自己不是心性一流的人，又怎能培養出心性一流的人才？

其次，來看秋山木工的弟子們如何學習作徒弟？如何學習為人子女？

德的層面，他們是徒弟，要傳承匠人精神；技的層面，他們是學徒，必須完備一技之長；家的層面，他們是秋山先生的另類子女，每天跟隨秋山先生、耳濡目染，自然明白了為人子女的本分。

秋山木工的弟子們在做、而其它公司沒做的，其實僅僅只有一件事，那就是孝敬父母師長，實踐孝行。

長達八年合宿期間，秋山先生活用各種手眼，引領弟子們學會作人子女，學會在孩子位上「愛其親、敬其親」，「拚

命讓父母開心、感動」，因為只有這樣的人，將來才可能贏得親朋與顧客的心。

秋山木工坊招生還要面試父母，並邀家長參加木工展覽會，而且規定弟子必須以日誌手繪本定期向父母彙報學習狀況，既培養孩子的自信心和感恩心，同時無形中又鼓舞父母一起成長。秋山弟子的父母中，就有因為「不想輸給正在努力的孩子」而再去上大學的案例。

有一次，與秋山先生談到，若父母有大缺失，子女應如何盡孝？我提及中華祖先舜帝的故事。相傳舜的父親瞽叟及繼母、異母弟象等，多次想害死他，但舜毫不記恨，仍恭敬父親，友愛弟弟。《中庸》肯定舜的孝行：「舜其大孝也與！德為聖人，尊為天子，富有四海之內。宗廟饗之，子孫保之。故大德，必得其位，必得其祿，必得其名，必得其壽。……故大德者必受命。」舜告訴我們，孝道是不管父母慈不慈，只問自己孝不孝。道是相對而生、絕對而行的。只有行孝至誠，才能讓自己、乃至生命之河上游的父母祖先等，能彌補罅漏，滌洗清淨。這才是真正的「君子素位而行」。

秋山先生聽了頗有所感，本書「行孝的十個方法」中，

便特別撰寫一項：「行孝要繼承父母德行的優點、補足缺點」。

師徒之間同頻共振，交匯點就在這一顆「心」。秋山木工教育是心育，貫徹的都是心法。師父，必須擁有傳道心、父母心。弟子，必須擁有承道心、孝子心。師徒齊心協力，素位而行，正心誠意功夫到家，則師父能隨順弟子根器，觀機逗教；徒弟會緊緊跟上師父心教，聽話照做，直至最後經守破離而超越師父。

因此，師徒制育人，在上位者能「素位而行」，能常捫心自問：我把自己活成徒弟／孩子／下屬的模範了嗎？他們是否有樣可見、有樣可學？在下位者也要「素位而行」，能常內觀反省：我有承傳師父／父母／上司的優秀品質、見樣學樣了嗎？他們是否以我為榮，因我驕傲？《孝經‧感應章》明示：「孝悌之至，通於神明，光於四海，無所不通。」行孝是處下位者究竟圓滿的活法。

如此，「師徒制」育人方式才能真正落地，一流心性人才的培養才能得到實現。

回想起我與秋山先生一見如故，或許正因為孝道精神上

的相契。大學時，父母為了讓離家出遠門的我安心，三天兩頭寫信給我，我感受到父母的慈愛，信到必回，報告日常。後來與父母往來信件居然累積達七、八百封。父親七十歲生日時，我將那些信編輯成冊，並請畫家手繪插圖，當作生日禮物。那讓父親一見就激動到老淚縱橫。最近十多年來，跟父母共住時間最多。看到父母老當益壯，每日精進身心，我也重回赤子，盡享天倫之樂。正是可敬的父親和愛人如己的母親，潛移默化，自幼為我深深扎下孝根，而後我也開啟了孝道傳家的旅程，每年給孩子們創造分別盡孝的機緣。每次兩週左右，完全一對一的「二人世界」，把自己完全交給孩子，讓孩子主導一切，帶著我一起過日常、歷世界。過程中彼此成長成全，任世事風雲變幻，但父女同心協力，一起探索分享人生活法。

　　學習為人父母（師父）、為人子女（學生），是每個人一生的功課。懷抱對父母祖先的知恩、感恩、報恩之情，我們將效仿秋山先生及其「師徒制」，籌建匠人精神（孝道）傳習中心，使之成為立志用自己的生命體證究竟活法、願意具有一流心性的「成人」之孵化器。

願天下事功有成、志願成為秋山先生這樣的「人師」、「心師」的父母、教育工作者、各民生行業的領導者等，與我們一同共住、共建、共享可以進德修業、安頓生命，以至立德、立功、立言三不朽人生的平臺。

孝順蘊藏人生成功方程式

很多人想在工作上取得成功，但遲遲沒能實現。

理由是因為總想著：「好像不該從事目前這份工作⋯⋯」、「應該有更適合我的公司吧？」

其實往往是因為工作不認真，沒有全心全力去做。如果絕對認真對待眼前當下的工作，即使是日復一日，也可能發現前所未有的快樂與價值。

認定自己「只有這個了」，因而死心塌地的那一瞬間，人就改變了。即使周圍的人都要你放棄，你也不會放棄，而是更加地深入，一心一意要磨練自己，直到閃閃發光。

如何才能這樣絕不放棄呢？

那就是要牢牢記住一個重要的信念：

「我想讓父母高興。為了讓父母高興，我要認真做這個。」

能這樣思想，對於你來說，那份工作瞬間就變成「天職」。

所謂父母，就是能為人生帶來這樣關鍵影響力的人。

本書以真實事例為本，談論父母的無私奉獻，以及孝敬父母的無邊功德，幾乎能解決你工作上的所有迷惘，請用心理解其本質，你一定會成為最優秀的一流人才。

換句話說，孝敬父母是成為一流人才的基礎。

這一點正好補充了我之前《匠人精神》Ⅰ所提出的一流人才育成的三十條法則。

那三十條是指匠人的基本條件，就像汽車零件一樣，組裝好三十個零件就變成了一部車。但是，還得加油，車子才能發動上路。

孝敬父母就是相當於為汽車加油。

學徒們將在秋山木工修練的三十條法則，和孝敬父母結合起來，必能成長為超級明星。

那麼，如何把孝敬父母和那三十條結合起來呢？

本書正為此進一步說明。

本書要介紹孝行的十種功德和十個方法，說到底也是原本從中國學來的。不管從哪方面追溯日本人的文化血統，終究總會到達中國。

因此，我出版這本中文書，也是對教會我們孝敬父母的中國祖先們的報恩。

相信本書會對也許忘了孝敬父母的諸位有所幫助。

第 一 章

秋山學徒制的秘訣

聽說許多企業為年輕工作者的培育問題煞費苦心，

讀遍各種有關人才培訓書籍、參加研討會、出訪學習⋯，

即使如此，還是沒多大進展。

依我的看法，那是因為完全漏掉了一件事。

秋山木工在做、而其它公司沒有做的，

其實僅僅只有一件事。

在秋山木工，要經歷見習一年、學徒四年、工匠三年，合計八年的養成，
才能成為獨當一面的合格工匠。

　　　　　　　　　　　　行孝：激發匠人精神的核心秘訣

每天清晨六點,沿工坊旁的街區跑一圈,是行之有年的晨間長跑,風雨無阻,年近八十的創辦人秋山利輝也沒缺席。

　　　　　　　　　　　　　　行孝:激發匠人精神的核心秘訣

我在神奈川縣橫濱市經營訂製傢俱的「秋山木工」。

小小的工房於一九七一年開始營業。至今為止，我們的客戶從日本宮內廳、迎賓館、國會大廈、高級酒店、百貨店、高級品牌店，到美術館、醫院、普通家庭，形形色色。

此外，日本全國各地的公司經營者和幹部們常來這裡參觀學習，其中不乏汽車製造廠、鐵路公司、銀行等有名的一流企業。

然而，這些人並不是為了看一流工匠技術而來，他們感興趣的是，秋山木工的「一流人才培養」方法。

秋山木工創設了獨特的匠人研修制度，培養每位一流工匠都投入八到十年時間。

尤其在最初五年「學徒時期」，比起技術性的訓練，更加重視做人的修養，如調整生活態度，學習禮儀、感謝、尊敬、謙虛、關心他人等。

所謂「一流工匠」，人品比技術更重要。因為我相信，整合各種能力與生活修養的一流工匠，在全日本、不，在全世界，都能大顯身手、發揮長才。

為了培養最優秀的人，以寄宿制的集體生活為根本，男女一律理光頭，研修期間禁用手機，禁止戀愛，每天清晨從跑馬拉松開始，晚上要提交報告日記等，日常生活規則相當

嚴謹。任何人要是不能遵守，就得馬上捲舖蓋回家。

另外，即使通過了學徒期，要是人品得不到我的認可，不管技術多高超，我也不認可他是匠人，不接受他繼續留下來。

這可能與時下的工作方式或勞動法規背道而馳，但是為了培養能暢行世界的一流匠人，製作出讓人感到幸福的東西，我認為這是必要的過程。

因此，我將這「現代學徒制度」一貫徹就超過四十年。

不知道是不是因為這樣，反而經常被電視報導，或許也有書籍的影響，使得許多人特意從遠方趕來，想研究「秋山先生的人才教育法」，或一定想看看「秋山先生的教育現場」。

拙作《匠人精神》I、II被翻譯成中文，現在每天都有中國企業家前來觀摩諮詢，包括有七千員工的大企業，也派幹部來視察。

聽說在中國許多企業也為年輕工作者的培育問題煞費苦心，讀遍各種有關人才培訓書籍、參加研討會、出訪學習…，即使如此，還是沒多大進展。依我的看法，那是因為完全漏掉了一件事。

秋山木工在做、而其它公司沒有做的，其實僅僅只有一件事。

這件事也是這本書的主題，那就是「孝敬父母」——孝行的實踐。

孝敬父母已成了人類的基因

建立優良人格的基礎就是孝敬父母。

秋山木工從學徒見習的那一天開始，就明白教導這件事：

「如果能做到孝敬父母，技術必能跟上，真正孝敬父母的人都能成為一流匠人。」

但是，無論如何教導孝敬父母，如果上位的人自己不孝敬父母，那也不能引發員工的幹勁。

我聽說，現在社會上不珍惜父母的人越來越多。這樣的人覺得自己是隨心所欲出生的吧？這種人因此最重視自己，一切以自己為前提，基本上都是將金錢和時間用於自己。

即使是在社會上做了了不起的工作的人，沒有特別的事就不和父母聯繫，與父母關係不好的人也很多。也許還有與自己孩子關係也不好的人。

現在不像從前那樣是大家族生活，不知是不是現在父母與孩子分開生活的比較多，孩子對父母的感謝之情單薄。看著不照顧祖父母的父母背影而長大的孩子，似乎也有認為無

須照顧父母的傾向。

但是，如果被問起：「你孝敬父母了嗎？」為什麼心裡還是隱隱觸動、覺得有點不好意思和羞愧？

我認為這是由於很久很久以前，就從祖先那裡學會孝敬父母，這已成了人類的基因。

追溯與我們有關係的祖先到前三十四代的一千年前，我們的祖先到底有多少人呢？大約是一百億人。如果缺少了其中一人，今天的自己就不存在了。活在當下的我們，繼承了一百億位祖先的遺傳基因，也蘊藏著萬事都能做成的可能性。

只要這樣想，我就會覺得，自己原本是多麼幸福地被祖先們所眷顧，也深知自己應感謝這一百億人。

這一百億人當中，離我們最近的，就是生下我們的父母，和生下我們父母的祖父母。包含著對祖先的感謝之情，珍惜父母和祖父母是理所當然的；而且，如果讓父母和祖父母高興，也會傳達到祖先那裡去。這樣的話，在某些關鍵時刻，祖先們的支持也會傳達到我們的身邊。

偶然好運連連、瀕臨放棄的事突然轉為順利、危機時刻出現了意外的援助，這就可視為平日孝敬父母而讓祖先欣慰的證據，我們可以坦誠感謝祖先的恩澤，繼續勤勉地孝敬父母。

我決定絕對避免父親的缺點

我父親的人生常在懊悔中。他總是說：

「那時候如果沒有戰爭的話……」、「那時候如果沒有受傷的話……」、「那個買賣要是進展順利的話……」、「要是不借錢的話……」。

他原本是有錢人家的少爺，由於在戰爭中受傷，家道中落，淪為全村最貧困的人，一家八人連糊口都有困難。我每天都在村子裡打轉，到處拜託鄰居分點米給我們。

大阪時代的秋山利輝

年輕時的秋山利輝（右一）

秋山利輝與母親及家人（後排左起為大女婿、大女兒及二女兒）

　　　　　　　　　　　行孝：激發匠人精神的核心秘訣

當時我幼小的心靈便意識到，爸爸這樣抱怨，也不能改變生活，我一定不能像他這樣。

　　這樣的話，我想，我只要做與父親相反的事就好了，絕對避免父親的缺點。

　　從那以後，諸如「那時要是那樣做就好了」這類的話，我一次也沒說過。

　　為了不說這樣的話，就要集中精神、一心一意活在當下。日積月累貫徹執行下來，之後連抱怨的話也沒說過了。而且，即使是失敗了，因為當初是自己要去做的事，所以便毫無後悔。

　　十六歲時，我進入傢俱工匠這一行。為了早日成為一流工匠，我拚命磨練技術，二十多歲時，我告訴父母，皇宮和昭和天皇研究室的傢俱都將交給我來做了，他們大吃一驚，喜出望外。當場轉來轉去，不斷地複誦：「我兒子在做天皇的傢俱！」

　　那之後，我創辦秋山木工，認真培養傢俱匠人巨星的過程中，又上了電視。父母更驚訝了，直說：「不敢相信！我兒子在電視上！」

　　我很高興他們能以我為榮，為我深感驕傲。後來生意步入正軌，我買了一間房子給他們當作禮物，他們第一次能脫離租房生活，不禁喜極而泣。

一流工匠的養成，從反覆練習每個不起眼的基本功開始。

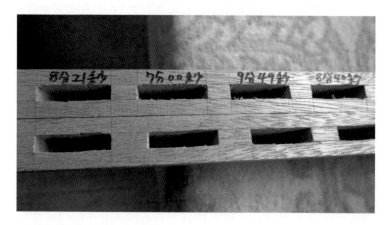

能精準使用鑿子在木塊中挖洞，是製作傢俱的基本功。每次練習都要計時，以求作工精準且完美。

以我的情況來看，幼時家貧也許反倒是件幸運的事。我能在生意上努力，與貧困越走越遠，都是托父母的福。這樣的結果終於消除父親生意失敗的遺憾。

秋山工坊還對學徒的父母進行面試

從秋山木工畢業的獨立木匠笑說：「秋山先生總是提醒要孝順父母，要讓孝順坦率的人進公司，那才是具備成為一流匠人素質的人。實際上改變人真的是很難的事情。為了看清人品，首先還要看他們的父母，除了本人的面試外，還要進行父母的面試。」

與父母見面，是為了確認他們是否有和我一起培養孩子的覺悟？根據情況不同，有時也會拒絕錄取。

一種情況是，父母本身對自己的父母就不孝順。

沒讓孩子看到自己孝順父母的人，自己的孩子也不會孝敬父母。因為樹立了壞榜樣，孩子也會變成那樣。

不孝敬父母的人多半會滿不在乎地背叛人或欺騙人，父母有這樣的行為，孩子也會模仿的。無論怎麼教育這樣家庭的孩子「孝順很重要」，他們也只能理解表層意義而已，要培養這種人成一流匠人，可以說是非常困難的。

無論在工坊或作業場所，師傅和前輩們都肩負指導後輩學徒的責任，
是難得一見的「現代學徒制」。

・ 行孝：激發匠人精神的核心秘訣

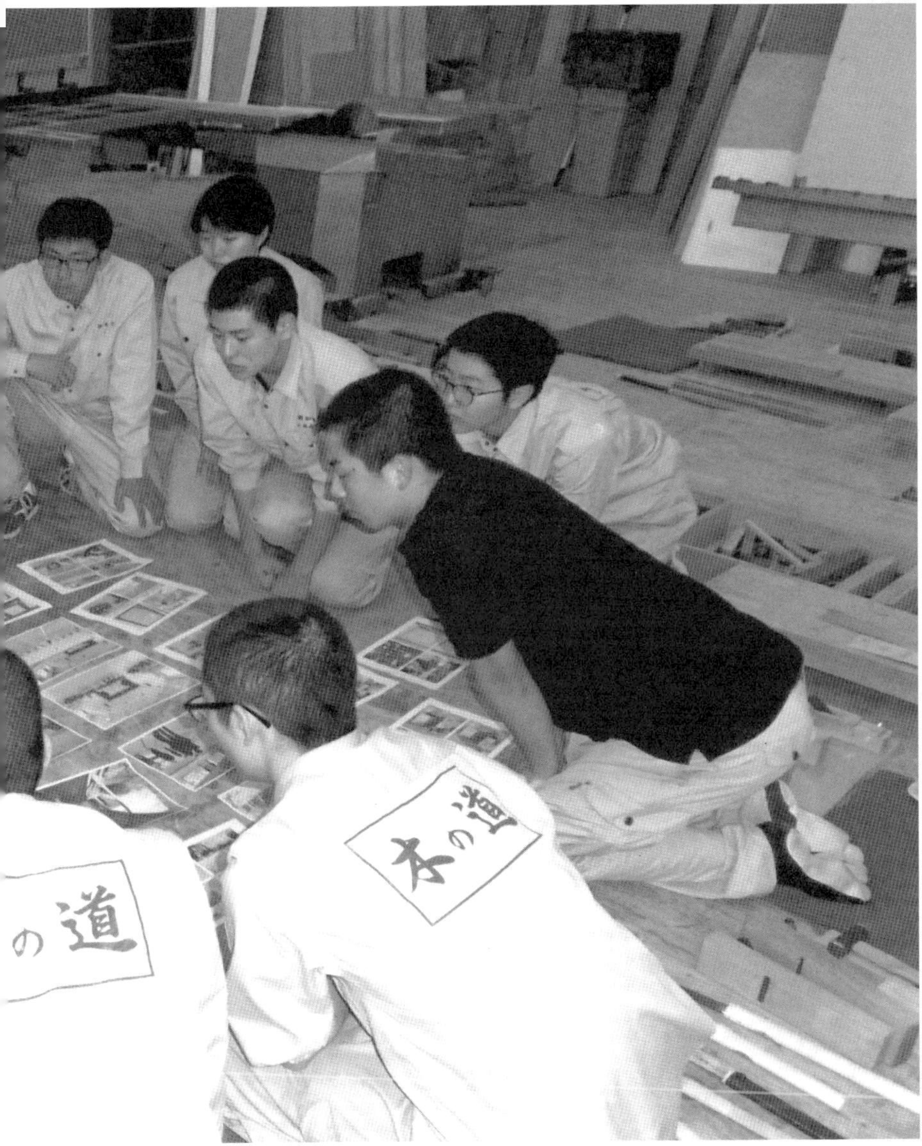
の道

穿著厚重冬衣，在暖爐全開的工坊內，使出 101% 的力氣，認真練習。

行孝：激發匠人精神的核心秘訣

還有一種情況是，父母不信任孩子。

這種情況多見於學識地位高的父母，他們會說：「我們家孩子不可能忍受這種嚴酷的修行」、「他哪能堅持八年」，一開始就被父母否定的孩子，往後再怎麼矯正也難以改變。他們因沒被父母認可過，而產生了自卑感。要除去「反正我就是不行」的想法不是一件容易的事。

不管本人說多麼想進秋山木工，如果父母是這樣的話，最終我還是會拒絕他們。

這些父母常會問「為什麼不錄取呢？」雖然自己都不信任自己的孩子，但還是會對孩子的落選不滿。

相反地，如果父母相信孩子，只要這樣就足夠了，這就蘊藏著成功的素質。而且，如果在和爺爺、奶奶一起生活的大家庭裡長大的話，更容易自然而然形成對人的溫柔體貼，這樣的孩子本是一流匠人的寶礦，值得一步步仔細磨礪。

父母在孩子修行過程中的作用，有時是一種鼓勵，讓孩子不至半途而廢，有時則要以堅定的態度冷眼旁觀。孩子們每天都被我責罵，不斷挑戰自己能力的上限，正當想著辭職算了的時候，如果父母以理解包容的態度輕鬆看待的話，孩子那個挫折感就會自然度過了。

爽朗笑容搭配充滿元氣的自我介紹，是秋山工匠給人的第一印象，即使再忙碌也能保持親切的態度。

「讀書、寫字、打算盤」是學徒們必練的三大基本功，勤練書法、專心寫字，讓身體和大腦維持專注力。

行孝：激發匠人精神的核心秘訣

身為秋山木工的大家長，秋山利輝總是和大家一起吃飯，如果有人挑食或吃相不佳，也會適時提出指正。

在走向一流人才的道路上，父母要狠下心來推孩子一把，讓他不時回到好好學習的正軌上。而我的作用是，牽著回來的孩子的手，拚命地帶他奔向終點。

讓父母高興正是激發潛力的契機

擁有坦率溫柔之心的孩子，一天就能令人刮目相看。那個突破口在於自我介紹。如果第一天不能以一分鐘完整自我介紹的話，就不能進入秋山學校了。

自我介紹分為四個部分。首先要說名字、出身地、畢業的學校、年齡。接下來，家庭構成和父母的介紹；然後，說明在秋山木工工作的理由，最後，大約用一分鐘總結一下將來的目標。

說完將來的目標，一定要說的一句結語是：「我將成為一個 xxxx 的匠人，讓父母高興。我會認真做的，請多多關照。」

必須這樣一直大聲重複自我介紹，直到說得流利為止。在我點頭說「可以」之前，不能回宿舍安頓行李。

僅僅是這麼一個做法，思考方式就可能幡然改變。因為自己對自己宣言「讓父母高興」，同時也會覺得此後「對讓父母失望的行為必須十分慎重」。

換句話說，到昨天為止，依靠父母是理所當然的，而今自己開始工作，「孝敬父母的基準值」也會有很大的變化，以後，固定新的「基準值」就是了。

秋山木工每天都會有各式各樣的客人來參觀。多的時候，一天三次以上，總計次數的話，五年內就要在客人面前進行數千次自我介紹。

每天都說「要讓父母高興」，無形中便變得認真起來；然後，無意識地流利說出自我介紹，漸漸地自己也真的變成

行孝：激發匠人精神的核心秘訣

能幹的匠人了。

所謂「能幹的匠人」，技術能自然達到客人要求之上的標準，人格也很高尚。

經常懷想「因為有那麼一句話，才有了現在的自己」，或宣言自己「將來會成為一流匠人、讓父母高興」，這正是激發一流匠人潛力的契機。

最初一開始，孩子們幾乎都覺得：「我是來學習做傢俱的，為什麼要自我介紹呢？」如果反問他為什麼來學習做傢俱，那些說不清楚理由的，最後往往無法實現目的。

那個「為什麼」，是「為了讓父母高興」。「為了讓父母高興」才真正認真做事，在那個自我介紹的場景下，讓他們理解這一點是很重要的。

真的認真起來的話，即使遇到困難，心情也不會搖擺不定。

孝敬父母是沮喪的防波堤

對於以一流的傢俱匠人為目標的孩子們來說，最大的敵人就是自己。

特別是年輕人，覺得「大夥兒在一起」便是個安心的寄

每月舉辦壽喜燒聯歡會，拉近彼此距離，整個工坊就像一個大家庭。

　　　　　　　　　　行孝：激發匠人精神的核心秘訣

身之處，大家都很害怕一個人，在這樣的情況下，真的很難闖出自己的道路。

即使平日學習時集中精神，一回到老家，注意到周圍的人都在玩，有朋友說：「不必努力到那種地步吧？」忽然覺得怎麼只有自己在吃苦？也開始懷疑自己真有必要過得那麼苦嗎？

當心情搖擺不定起來，能戰勝這誘惑與別人目光的，就是對父母的孝心。

即使被說「那傢伙很奇怪」，也會坦然作自己，繼續貫徹到底，那是因為父母的存在──為了讓父母高興，我要成為一流的傢俱匠人。這樣的決心很明確的話，目標就不會動搖，也不會被周圍人的想法左右。

換言之，除了「孝順」以外的設定，都很難忍受持續五年嚴苛的修練。比如說，「想成為有錢人」所以去當傢俱匠人、「想成為有名的人」所以去當傢俱匠人……，以這樣的理由來加入秋山木工的，多半會受挫、半途而廢。因為，這動機只是為了自己的欲望。

沒有什麼能替代父母的，正因此，當沮喪來潮時，父母會成為你心靈的防波堤。只要不忘記孝順父母，無論多麼辛苦的逆境都能克服。一心一意的話，就沒有「現在很痛苦」的念頭了。

定期舉辦報告朗讀會，學員們圍坐一圈，分享父母、家人寫給自己的
激勵話語。

行孝：激發匠人精神的核心秘訣

秋山木工學員古賀裕子（左四）的父母親自出席，在秋山利輝（左一）陪同下，接受日比野大輔（右一）採訪。

　　在掌握技術之前，最重要的是建立自己的軸心，孝敬父母會為你將這軸心安裝妥當，這是順利運轉成為一流匠人的第一步。

　　堅持孝敬父母的話，就會切實感受到，生活的所有原動力就來自孝敬父母。

　　我發現，若不曾有讓父母高興的經驗，學徒實際接觸客人時，想讓客人高興是不可能的。我也知道，讓別人真心歡喜需要一種極大的力量。

▶ 見習期間不能使用電話或簡訊，只能透過書信與父母溝通，一字一句道出對父母的感激。

▲ 剛入工坊的學徒，每晚都要提交日記，平均兩週可寫完一本素描本。五年的學徒研修結束時，每人都累積近百本生活筆記。

▼ 師兄們會輪流在頁
面空白處寫上建議，
並由秋山先生做最
後的檢查，再寄回去
給學員的父母過目。

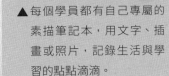

▲ 每個學員都有自己專屬的
素描筆記本，用文字、插
畫或照片，記錄生活與學
習的點點滴滴。

一看到父母為自己打氣的隻字片語，未讀就先哽咽，瞬間感受到父母的愛與恩情。

　　為了賺錢，當然有人會裝作很在意客人的樣子，但是真誠地想讓別人幸福的人極其稀有。如果先講求賺錢，然後再讓客人高興，最終一定會失敗的。這跟下棋一樣，如果順序顛倒，就滿盤皆輸；相反地，只要認真地孝敬父母，自然而然必能存到錢。

　　要把孝敬父母放在第一位。先讓別人賺錢，也就是說，首先讓客人心情舒暢，那樣的話，幸福就會自然而然來到身邊。

行孝：激發匠人精神的核心秘訣

只要知道這一點，自己就會認真地改變，即使師傅沒時刻親自傳授技術，八年後也自然會成為能體諒人的一流匠人。

孝敬父母本身相當有樂趣

孝敬父母本身也有相當的樂趣，那就是不能重複用老方法。即使一個辦法第一次成功了，第二次父母就不驚喜了。以這樣的決心來研究如何孝敬父母、讓父母歡喜，越努力就越有創意，頭腦無形中也會變好。

這樣想的話，孝敬父母真是世上最快樂、奢侈的事，這一點不親自嘗試便無法理解。

看父母打從心底高興，正是人最能感受到幸福的時刻吧？也就是說，如果孝敬父母的話，人將通過自己的力量變得幸福。

我寫這本書也是希望讓中文世界的諸位歡喜，想傳達孝敬父母其實是充滿樂趣的。

我也想向企業經營者們推薦，要鼓勵員工孝敬父母。培養了孝順的員工，將有利於工作和人際關係，公司營運也會隨之變好。

當然離職率也會下降。即使員工想辭職，父母也會幫公司說服孩子留下來繼續努力，因為他們會感謝公司培養了孝敬父母的子女，自然成為公司的夥伴。

　　父母無不希望孩子幸福。孩子獲得成長，幸福超越父母，才是最高的孝敬。

　　讓父母高興的生活方式使人生閃耀。沒有比至少為世界增添一個能對父母由衷感恩說：「謝謝你們生下我」這樣的人，更加幸福的事了。

第二章

行孝的十種助益

家庭出身、飲食習慣、社會環境……有很多因素在影響著我們的人生，也有很多可以引導我們人格完善、走向成功的路徑方法。

　　但最簡單、最有效的方法，我認為就是孝敬父母。

　　一個不能取悅父母的人，是很難讓同事和客人高興的。在我自己成為一名合格的匠人，以及近四十年孜孜不倦培養學徒的過程中，這一點已經被證明無數次。

　　以下，就是在孝敬父母方面，我和弟子們切實感受到的收穫和益處：

　　　　　　　　　　　　行孝：激發匠人精神的核心秘訣

助益 1
孝敬父母能讓自己變得謙虛

　　越是孝順的人越謙虛。虛心之人，無論別人說什麼，都能當作有益的教誨，坦然接受，所以總能獲得很大成長。

　　行孝者和不行孝者之間決定性的差異，也許就是前者謙虛而後者傲慢。大多數孝順的人無論對誰都能抱有敬意。和父母一樣，孝子們對任何人都表現出樂於學習的探索心，和在行孝過程中培養而來的謙虛。

　　所謂謙虛，就是無論別人說什麼都能以坦誠的心態接受。

　　謙虛的人不會吝於付出努力，他們能體察客戶滿心期待傢俱完工的心情，所以一定竭盡全力，堅持完成最好的產品。

　　謙虛還能給人帶來幸福。看著客戶一臉喜悅，謙虛的人會想：「我好幸運啊！既如此，我應該更加努力！」他會不斷這樣自我要求，結果獲得更大的成長。

　　而不行孝者則等同傲慢之人，從他們那裡會老是聽到同樣的話，那不是抱怨就是說教。因為他們自認很行，所以聽不進別人的意見，也容易麻木、大意。犯的失誤一多，成長就會停滯，結果被謙虛的人超越，並不斷拉開差距而不自知，

最終自己親手斷送良機。

　　當我說哪個徒弟太驕傲的時候，那也常是他沒好好行孝的證據。一旦他明白了行孝的重要性，改掉傲慢的毛病，技術就會突飛猛進。

　　人生成敗某種程度上就取決於當事人謙虛的程度。

孝敬父母能讓自己懂得感恩

　　越是孝順的人，越能對周圍的人心懷感激。謙虛和感恩緊密相連，只要謙虛，感恩之心自會湧現，人品和技術也都能趨向一流水準。

　　感恩父母是感恩他們生養了自己，同時也感恩祖先代代傳承了家族血脈。

　　學會謙虛就能明白，自己之所以有今天，除了父母之外，還得益於學校老師、公司領導、師兄弟，以及周圍的人的幫助。能想到這一層，人品和技術都會迅速提昇。

　　願意讓父母開心的人，對人無好惡分別。在秋山木工坊

嚴禁挑食行為，因為若容許挑食，學徒以後就要挑剔人了。對飲食、物品及對人都要懷抱敬惜感恩之心。

在秋山木工，只要發現有誰不夠謙虛或不懂得感恩時，一定會當場立即指出，因為不當場說，就不能馬上改正傲慢的心態。除我之外，工匠、師兄弟，還有同期同學，都會直接或者透過日誌評論的方式，反覆指正當事人的不良態度。

只有讓對方頻繁地意識到「自己可能是有點傲慢」，他才能越早變得謙虛。變得謙虛了，自然就懂得感恩。

要有勇氣糾正夥伴的錯誤態度，其實多管閒事也是一個讓自己成長的機會。如果不厭其煩地堅持下去，就能讓被幫助者和自己一起成長。這樣的機會有很多。

助益 3
孝敬父母能讓自己
更理解和關心他人

越是孝順的人，越能關心他人，讓他人高興。不能讓父母開心的人，很難讓客戶高興。有過多次讓身邊的人開心的

經驗後，就能夠真正地關心他人。

交流的基礎是「讀懂對方的心」。經常思考怎樣才能讓父母高興，就會培養出這種能力——讀懂生長在不同環境中的人的內心。

不能讓父母高興的人，也很難讓客戶高興。

為了讓父母開心，就會經常憶念他們。如果連上廁所或沐浴時都在想父母的事，就不難明白到底怎麼做才能讓他們高興。

比如，在一年一度的公司內部設計比賽中，為母親做傢俱的時候，我會說：「你們要在心裡始終想著父母，睡了也好，醒著也好，甚至做夢都要想著他們！這樣你們的腦海裡就會浮現出一些畫面。例如，這種情況下，媽媽該怎麼用這個傢俱？諸如此類的聯想將引導你們製作的手法，製作出父母真正合意且實用的傢俱。例如：這一面要削薄；那個抽屜最好再降低幾公分……等。」

僅僅憶念不夠，還要深入思考。把這種思考轉向他人，就是一種理解和關心。一個從不孝敬父母的人，即使突然想關心別人，也不會知道對方真正想要什麼。所以，首先要養成為父母著想的習慣，這樣就能擴大自己的「資訊偵測」範

圍——這個人也許是這樣想——進而明白關心他人的訣竅。

　　年輕、人生經驗少，不能作為不懂得關心人的理由。只要能理解、體貼他人之心，孩子也能做得很好。沒有什麼比孝敬父母更適合培養理解與關愛之心了。

助益 4
孝敬父母能讓自己更加專注和努力

　　父母不會輕易開心和感動，因此越是孝順的人，越能集中精力，越能夠付出更多的努力。而對待客人亦如是。

　　世上各種成功學理論都認為，提高專注力有助於成功。集中專注力即為達成目標而能夠提出對策的狀態，只要集中專注力，什麼難題都能迎刃而解。

　　聽到「每天早上清潔十張傢俱」這類指示，人往往很難集中精力去做；但如果有人說「三十分鐘內清潔十張傢俱，方法自定！」我們就能專注去努力了，因為工作有迫切性，

促使我們立刻邊想辦法邊投入行動。

但即便如此，也還是很難拚命集中專注力，箇中訣竅就在行孝上。

中國有句古話「樹欲靜而風不止，子欲養而親不待」。摒棄「下次」、「過幾天」的拖延意識，日思夜想如何行孝自然能提升專注力。如果能在父母身體尚好時真心盡孝，讓他們開心，我們的工作和人生效率都會提高。行孝不能等，沒時間讓你拖拖拉拉、磨磨蹭蹭。

但是，父母不會隨隨便便就開心起來。我們要懷著高度敬重，努力探索父母會對哪些事情產生反應，我們要實驗各種方法、找對時機，做出最能讓父母開心的事情，讓他們為之驚喜。

秋山木工的徒弟每天都透過寫報告，激發自己對父母的感激之心，每逢盂蘭盆節和正月時，都為父母做一些唯獨自己能做到的孝行。例如：在全國技能競賽會上奪冠，讓父母感到驚喜；磨練技能，為父母的生活便利著想，做出全球限量、僅此一件的傢俱，當作送給他們的禮物，讓他們感動。

對於一流木匠來說，最能夠使其成長的，便是這個實驗階段。越是琢磨使用者的實際需要，越會充滿靈感，踏踏實

行孝：激發匠人精神的核心秘訣

實地埋頭苦幹。

可以說，通過每天堅持不懈地努力，才能便默默生根發芽。因為用心、用靈感、透過雙手去創造，會誕生超乎人們想像的作品，僅僅如此就能讓人們更加感動。

助益 5
孝敬父母能讓自己變得更有創造力

越是孝順的人，創造力越強。孝敬父母如果毫無想法，將難以持續。為了讓父母驚喜，我們要提高覺察能力，這樣自然就能湧現出許多讓人感動的創意。

如果不能提供超出顧客想像的傢俱，作為工匠是失敗的。製作出想像中的產品，雖能讓人佩服，但不會給人驚喜或高興。如果有人說：「不愧是秋山先生做的傢俱，和我想像的一模一樣。」那麼我就是完全失敗。

要贏得勝利，最重要的是先摸透客人的喜好，再動手製作產品。在這方面，平時對父母的孝順將發揮作用。

要探知父母對什麼有反應，可用各種方法進行試驗。在某個時間做父母最高興的事，可以讓他（她）驚喜，這種經驗能促進一流傢俱工匠的成長。雖說技能需要每天鍛鍊，但超越想像的東西一定得通過手、心和大腦創造出來，也只有這樣的東西才能深深打動人。

　　如果一開始不反覆徵詢客戶的需要，就不能製作出客戶真正想要的東西。但是，倘若平時總在設計並進行一些讓父母意想不到的孝行，那麼，到時即使不談傢俱，只需稍微閒聊幾句，也能明白客戶的生活情況及審美情趣。就這樣在腦中對照自己花在父母身上的心思，尋找一致之處，因而能對客戶心理掌握先機。

　　就像柔道、網球一樣，若能預測對方動作就很容易取得勝利。在製作傢俱上，若能熟練把握客戶心理，那麼每次都能得到「萬萬想不到會是這麼漂亮的傢俱！」這樣的評價。

助益 6

孝敬父母能讓自己
從逆境苦難中奮起

　　孝順的人能夠克服逆境和苦難，只因不想讓父母失望，要趕緊走出失敗。在此過程中，自己就變得堅強。

　　如果進而把逆境理解為先祖賜予我們的成長機遇，那麼逆境就會轉化為一種力量。

　　例如，生長在貧窮家庭本是一個機會，但有人卻因此洩氣地想：「反正很窮，這輩子也就沒指望了。」人一旦被逼上絕境是會更加奮發的，如果告訴自己：「好，我來洗刷父母的遺憾！」他們會衝勁十足、毫不氣餒。放棄就意味著投降，只不過讓自己暫時放鬆而已。

　　秋山木工的學徒們說，因同樣的失敗而挨罵多次，越是感到痛苦的時候，眼前越會浮現父母悲傷的表情，於是就在心裡想：「不能就此一蹶不振，要面對失敗，明天開始再一次繼續努力！」從而獲得重新站起來的力量。只要這樣活下去，事情就只會前進，運勢也只會向上發展。

　　即使在神社裡抽中一支「流年諸事不利」的下下籤，我

也會這樣想：「太好了，太好了，這樣就可以更加努力了，列祖列宗請多保佑！」

　　即使是厄運年也不能為消極避禍就停滯不動，而是應該更加活躍。厄運年往往在人生最美好的時期出現，果真如此，它就不是災厄，我們應該高興地接納才對。只要全身心順應祖先的願望，就會有好運到。即使面臨生死絕命的危機，也一定能找到突破口。

助益 7
孝敬父母能讓自己
與家族親戚相處更融洽

　　如果自己能在行孝上讓兄弟姐妹以及家族親戚敬佩歎服，那麼大家自然會團結到你周圍來。

　　既想讓父母高興，卻又和兄弟姐妹吵架是不可能的；也沒人會看見兄弟姐妹行孝，自己卻光在一旁說三道四。行孝能在兄弟姊妹中樹立榜樣，家族出現問題時，你的話將會最能服眾，大家就照你說的辦。

我上小學和中學時，手還算靈巧，但功課很差，直到中學二年級才學會用漢字拼寫自己的姓名，五個兄弟姊妹都想不透我怎會笨成這樣，但當他們看到我孝敬父母的行為之後，不但沒輕視我，反而非常尊重我的意見。現在兄弟姐妹遇到困難時，都會主動找我商量，我也把幫助他們當成自己的責任。

　　全世界七十幾億人，其中能稱作兄弟姊妹的只有我們幾個。當父母出現什麼問題的時候，兄弟姊妹同心協力就能克服萬難。沒有兄弟姐妹的獨生子女，則要成為朋友或同事的依靠，在朋友或同事遇到困難時，由於你主動伸出援手才度過難關，這樣大家就會與你團結在一起。

　　為了增強這種團結，首先需要一個帶領大家孝敬父母的人。

助益 8
孝敬父母能讓自己廣結善緣

　　孝順的人自然能遇到好人。總是想著孝順的人會積極上進，如此聚集到身邊的也是積極上進的人，消極的人是不會

來的。消極的人周圍也都是消極的人。

　　用生病來比喻可能較容易理解。沮喪者總是和別人比較、嫉妒、自卑、壓力沉重，像生活在陰暗房間中，遲早會生病；相反的，開朗活潑的人較不易得病，也就是說，自己生活的環境是自己創造的。

　　行孝的人待人必親切、誠實，且有禮貌、懂感恩，能夠關心他人，習慣站在對方立場思考問題。這樣的人置身光明的氛圍中，必然受到周圍人的歡迎。

　　秋山木工為了讓徒弟在五年學徒期間集中精力學習，禁止談戀愛，但在成為工匠之後，就會鼓勵他們儘快交朋友，並告誡說：「不受歡迎的人不能成為一流匠人。」

　　行孝的人必受正派人士歡迎，這些正派人士並不僅僅是戀愛對象，還包括那些有眼力或者慷慨大方的客戶，他們會主動找上門來。那些企圖詐騙或者自私小氣的人不會來，就像光的波長不一致，不能被吸收一樣。所以，行孝的人必會吸引優秀的人和良好的工作機會。

助益 9

孝敬父母能讓自己的領導力提昇

　　越是孝順的人越適合擔任領導。領導者需要巨大的能量，行孝可讓我們獲得這個能量，擁有大量能夠行孝和關愛別人的人，公司的命運也會完全改變。

　　受到表揚而進步的只占進步人數的１％，絕大部分需要靠恰當的批評，但批評者需要比被批評者多出十倍的能量。批評，就是把自己的能量給別人，而增進能量的途徑就是行孝。

　　有個學徒性格溫和又有技能，但因無法指導師弟，所以總也與匠人名號無緣。他說「發脾氣可能破壞人際關係，所以不輕易發火」，但有一次，一位師弟不小心弄傷了手指，此後，他才幡然覺悟，變得能夠本著愛心嚴格指導師弟們了。結果在他指導下，一位師弟參加了木工技能大賽，獲得了第四名。

　　本著愛心的嚴厲指教，前提是有一種成人之美的強烈信念。育成人才是一件很快樂的事，如果不開心就不能勝任領

導者。換句話說，就是必須「每日歡天喜地」。

公司有眾多行孝的員工，會形成關愛他人的集體。一個公司裡，能判斷周圍情況、洞察人心並採取適當行動的人多了，必然會成長的。越是孝敬父母的人，越不會逃避困難，他們會積極應對一切，發揮自己的創造力，從而讓企業變得強大。

助益 10

孝敬父母能從祖先那裡獲得力量

祖先那裡有我們一生都用不盡的、超乎想像的偉大能量。當我們孝敬父母時，就更能夠連結到那股能量。

如果人生有一百年的話，以加倍的速度生活，就變成了兩百年，這樣是在感恩養育我們的祖先們。往上追溯十輩的話，我們繼承了一千零二十四位祖先的遺傳因數，如果將每一輩祖先累計起來，人數將達兩千零四十六位；也就是說，我們與生俱來就聚合了上千位祖先的才能。如果不明白這一

點，連千分之一的才能都發揮不了，那實在太浪費了。

「我擁有一生取之不盡、用之不竭的偉大才能，因此，理所當然，一切都能做到！」這種信心豪情絕不是什麼壞事，我把它當作一種推動力，以兩倍的速度生活著。現在雖然年高七十好幾了，但是我很自傲地相信，從人生內涵來看，我已經一百五十多歲了。

我把培養出十名超越自己的日本一流匠人當作我的天命。在孝順父母的過程中，祖先輩們冥冥中給了我完成天命的力量，即使工作忙碌，我仍能夠感受到這種力量。

一流的傢俱匠人不允許失敗，在一百個客人中，即使有九十九人滿意，如果還有一個不滿意，作為匠人就是不合格的。就這樣認真地為客人著想，還要不停地思考要怎麼才能做出讓客人滿意的傢俱。即使如此，有時仍感到成果不如預期，也有幾乎想放棄的時候。但是，不知為何似乎總有祖先在天之靈會伸出援手，默默告訴我：「就這樣做吧！」這時再下功夫完成的傢俱，一定會讓客人很高興。

不過，只為了自己的成功而戰鬥的話，有時會懷疑「這樣行嗎」，也難免會失敗洩氣；不為了私利私欲，而為了別

人拚命工作的時候，祖先的力量會發揮，會讓面對危機時的自己強大起來。

行孝：激發匠人精神的核心秘訣

第 三 章

行孝的十個方法

和傢俱製作一樣，行孝的內容很重要，而執行方式漂亮也是很重要的。我常對學徒們說「讓人看出辛勞是很愚蠢的」。不管花費多少時間，想了多少辦法，如果不能在最後以若無其事的態度向客戶交付產品，作為工匠的深度就會被人看透。

　　孝敬父母也一樣。

　　因為大多數情況是，父母比現今的我們更成功，所以簡單的花錢盡孝是不可能讓父母感到高興的。正因此，如果不認真思考並練習行孝的方法，就不能讓他們驚喜。所以，「孝」重要的是，要「行」出來給父母看。

　　以下，就是我以自己在家帶孩子和在秋山木工錘鍊學徒，所歸納的具體的行孝方法：

行孝：激發匠人精神的核心秘訣

熟記至少五代祖先的名諱

生命一脈相承，綿延不絕。熟記祖先的名諱，以不忘自己生命的來處。我們每個人都有父親和母親，父親和母親又都有自己的父親和母親。往上五代累計就有六十二位祖先，往上十代累計就有兩千零四十六位祖先，往上三十代累計將有二十億位祖先！再往上這個數字將無法數算，一直上溯到最初的生命源頭，綿延不絕。

在這些不可數的祖先中，如果少了一個人，就不會有我們自己了。因此，作為和祖先一脈相承的自己，理應記住生命的來處。我總是將代表生命脈絡的家譜隨身攜帶，每日念誦父母和祖先的名諱。

據我所知，一些日本禪宗寺院的僧侶們，每天清晨都要將從菩提達摩到曹溪慧能，再從本宗開山以來一直有序傳承的幾十代祖師名錄念誦下來。對於現在的人，熟記成百上千人的名字是很難的，以我個人體驗來說，每個人最好盡可能熟記至少五代祖先的名諱，這會給自己的生命帶來不可思議的能量。

對於經歷過戰爭動亂的家庭來說，家譜可能已經遺散，有條件的子女應趁著長輩健在的時候重新整理和編修。

創辦日本「人間力大學」（社會教育機構，非一般大學）的理事長天明茂先生是家譜分析專家，據他統計，絕大多數成功的經營者都敬祖。通過家譜分析，可知自己繼承了祖先哪些優點，同時瞭解祖先們有哪些不足，為行孝找到方向。

方法 2
使用書信與父母保持溝通

書信溝通比使用簡訊和電話更能夠與父母的心相連接。

為了讓大家集中精力學習，在秋山木工坊，電話和電子郵件都是禁止的。與父母的通信手段，只有書信和素描本。

在空白素描上，把自己當日工作、社長和師兄的作為、被責罵的事、課題、反省點、感動……等等作個報告總結，並給師兄和匠人們進行評論。然後，寫滿的素描本，每兩週送請父母、兄弟姐妹、祖父母、恩師等過目，敬請他們給予評註，然後再送回秋山木工。五年的學徒研修時間結束時，

行孝：激發匠人精神的核心秘訣

將累積近百本素描本。

這樣的對話使親子間的心靈互相理解，大大加深了彼此的聯繫。

我讓學徒把每天想向父母報告的事寫下來，讀了那個報告後，父母首先會大吃一驚。不少父母說：「我們一直在一起生活，卻不知道這孩子是這麼想的！」也有很多父母是「第一次知道孩子的心情」。

他們最初是以新鮮的心情來閱讀的，但接著看到，這一天好像被師兄罵得很消沉，這孩子沒有被父母大聲訓斥過，還能做下去嗎？「和同期生相比，我很在意自己工作進度慢⋯⋯」雖然寫的是積極的心情，但是字跡凌亂，真的還好嗎？父母的心情也隨著筆記起起伏伏。

每當我翻閱頁面，心情也是時喜時憂。最後，到了要寫留言的時候，絞盡腦汁地思考該寫什麼才可以激勵這孩子？才能讓他戰勝困難呢？連握筆的手也不禁用力起來。

孩子讀了父母的眉批留言，也總會嚇了一跳。離開父母之後，才知道父母是多麼擔心自己、想念自己。那是用電話和簡訊的寥寥幾句無法傳達的。

「沒有一開始就什麼都做不到的人。總之每天的積累是很重要的。不要忘了笑容，加油吧！」

「著急地行動，只能是徒勞。心情好起來的時候，稍微停下來試著深呼吸。大家都在支持你哦！」

「因為你在秋山木工的努力，比上大學更美好的人生正等著你。加油！」

學徒們在全體人員面前，一邊讀父母給自己的留言，一邊淚流不止。一整天裡一再想起那句話，戰勝嚴苛修行的決心更加堅強，無形中已獲得成長。

方法 3
持續讓父母感動

用只有自己才能做的事讓他們感到吃驚，讓他們高興和感動，這才是孝敬父母。

想進入好大學、就職於好公司、希望繼承家業……，回應一般父母的期待，是讓父母高興的孝行之一，但在我所謂的行孝還需要更多喜出望外的「驚喜」。

我對學徒們說：「要不斷讓父母驚喜！」

例如，在自己生日時，寄感謝信給他們，父母一定會大吃一驚的。

回家過盂蘭盆節的時候，進門就說：「先去掃墓吧！」未曾幫忙做家務的孩子，好久沒回來了，只把行李放在玄關，就提議去掃墓，肯定讓父母大大震驚。這種出乎意料的欣慰，會產生無法言喻的喜悅。這更是孝敬父母。

每次學徒回老家前，我要他們把回到老家打算如何孝敬父母寫在紙上，再逐一檢查。如果有研修生寫的是「給父母帶禮物」，我會說：「笨！如果只能想出這樣的孝行的話，不如不回去好了！」我會讓他多次重寫，直到我覺得 OK 才能回家。

重要的是，不能只花錢買成品孝敬父母。

為慶祝父母的生日，帶著他們去美食餐廳，或者在母親節、父親節送花給他們，這種事情誰都能想到。不要做這麼普通的事情，用只有自己才能做的事讓他們吃驚，讓他們高興，這才稱得上行孝。

學徒們平常就要仔細對待刀具，因此僅僅只是回家為母親將廚房的菜刀磨到鋒利，父母就會驚喜不已。在父母面前

為他們削木頭做筷子，僅只是這樣的一副筷子就會讓他們感動良深。切莫以為花錢買的成品才是有價值的禮物，那反而是最「便宜」的。

讓父母吃驚，還有一條「秘密戰略」，那就是先故意讓他們小擔心一下。

以職業棒球比賽來舉例比較容易理解，九局下二出局，逆轉全壘打的選手才是真正的超級明星。超級明星到第七局左右都沒認真打，而在絕佳的時機故意揮空三次，讓對方投手疏忽大意。看到這樣的情景，粉絲也說：「今天身體不舒服嗎？」、「這樣下去可能就輸了？」十分擔心，心跳加速。但實際上一邊揮空一邊認真地看球的走向，慢慢地配合著時機，然後在關鍵的一刻，重重地漂亮一擊。如此更會讓粉絲感動。比起原本就遙遙領先的比賽勝利，贏得贏不了的比賽，其歡喜必然是倍增的。

秋山木工裡有些年輕人中途從明星大學輟學，因為「想成為傢俱匠人」而來到這裡。他們的父母最初很錯愕也很失望，也擔憂他們學習了五年後卻一事無成。然而，在慶祝畢業儀式上，這類父母看到孩子被公開認可為匠人，都會激動地說：「真沒想到能看到這麼努力成長的孩子！」他們反而

更加感動，流淚不已。

看到父母感動的眼淚，更給了自己很大的動力，一定要成為一流的匠人，讓父母高興，也讓客戶高興。

行孝有時就像參加一場為父母尋找感動的遊戲，找到了，自己也會開心，並進一步設想下次要怎樣讓他們更高興。

年少時，我也經常讓父母擔心。每當更換工作，父母總是不安，但我就是想去一個更能磨練本領的地方，即使一開始工資減少了，來日報酬也會好轉，並獲得比以前更高的職位，那時父母會很吃驚。起初讓他們有點擔心，不久情勢又逆轉了，讓他們驚喜連連。所以我說，讓父母感動也需要「策略」。

一向循規蹈矩、從不讓父母擔心的孩子是孝敬父母嗎？不，不是的。馬馬虎虎混到大學畢業，馬馬虎虎孝敬父母，表面上看來都沒出什麼差錯，但沒有任何挑戰、奮鬥，那樣太沒意義了。

順便說一下，秋山木工的學徒們往往只是說「想讓父母開心」，什麼都還沒做，父母就高興起來了。因為孩子們總在客人面前說「為了讓父母開心，要努力工作」，結果大受讚揚，家長們聽說了自然高興得不得了。

學徒們看到父母開心的樣子，自己也會開心，這無形中豐富了個人的精神世界。即便剛開始只是吹牛，如能把「想讓父母開心」說上一萬遍，吹牛也終將成真。

方法 4
繼承父母德行的優點、補足缺點

父母好的基因自己身上也有，要發揚光大；不好的地方就不去模仿，而是要盡力避免，最好能做到補足。

前面提到，通過家譜分析，可以瞭解到父母和祖先的優點和缺點。即使是自己的父母，也不是所有地方都值得尊敬，總有一些讓人無法接受的地方。例如，如果覺得父母的用餐禮儀不佳，就不妨反其道而行。因為從小看父母用餐，很可能認為那些做法是理所當然的，從而讓自己不知不覺也沒有正確的用餐禮儀，但只要意識到不好，並即刻開始改變，還是有救的。努力讓自己成為一個講究用餐禮儀的人，這就是一種行孝。

不好的事情，任誰來做也終歸是不好，所以我們要感謝那些作為反面教材、展示缺陷的人和事，努力磨練自己，給父母一個驚喜。

　　另一方面，父母的言行值得尊敬的部分要堅持模仿學習。因為自己身上也有相同的基因，只要不忘感恩，就很容易達到和父母相同的水準。

　　有一次在京都，我和梁正中先生探討孝道時，他曾經給我講過虞舜行孝的故事。舜的生母很賢德，早就離世了，父親瞽叟和繼母、異母弟弟多次想害他，舜沒有記恨，常自我反省，且仍恭順對待父親和繼母，也對弟弟慈愛。他的孝行感動了堯，最終堯把帝位禪讓給他。這個故事更讓我明白了不僅要繼承父母的優點，對於父母德行不夠圓滿的地方（中文叫「有漏」），自己要盡力去補足。

方法 5

要超越父母

更厲害的行孝，是要超越父母。

超越父母，就是戰勝父母。

因為遺傳基因相連，對於父母的優點，只要全部模仿下來，就能與父母並駕齊驅。只要認真模仿優點，不學習缺點，自然就勝利了。

放到匠人的世界來說，就是贏了師傅，比師傅還厲害。我有四位師傅，現在，秋山木工不僅在日本，在全世界也廣受關注。就這一點而言，我勝過了師傅。那是因為我全面吸收師傅技術層面的優點，而不模仿師傅的缺點，比如，貪婪、不重視匠人、為了賺錢不斷使喚徒弟……。我與那些行為分道揚鑣，秋山木工因而能進一步向世界拓展。

然而，超越父母是一件非常困難的事。我至今仍無法超越我九十三歲的母親。

老人家雖不識字，但她支持著一身債務的丈夫，養育六個孩子，而且一直滿懷笑容地為了養家辛勤地從事小買賣。每天早上，電車還沒行駛時，她就沿軌道奔馳，從奈良趕到

行孝：激發匠人精神的核心秘訣

大阪採購，回來後賣給村人。村裡認識母親的人們，從沒有見過母親走路來回，所以總開玩笑說她是用飛的。

作為孩子的我，也從沒見過母親睡覺的樣子。她沒去學校參加過家長日，也從沒開口要我們好好讀書，只是拚命地守護著六個孩子，即使我還很小的時候，也十分理解母親的努力與慈愛。

我想，沒見過拚命的身姿的人，不知何為拚命。因為母親拚命認真地生活，因此我在學徒時代才能拚命認真地學習。我想我終其一生也不能超越母親這個了不起的人吧！

反過來說，不僅僅是父母，有一個想要超越卻超越不了的人，對於磨練自我非常重要。對於我來說，京瓷的創始人稻盛和夫先生、被稱為掃除道之神的黃帽企業創辦人鍵山秀三郎先生，以及已故的人生之師、我心仰慕的系川英夫博士等，都是我難以輕鬆超越的人物，但因為有他們在我心中，更使我不斷奮起。

想知道模仿什麼好、想知道更多，就要讀書、聽故事，堅持實踐。只要活著，就要盡力去做力所能及的事。我想，這樣做，人一定會成長。

方法 6
繼承父母先祖未竟的
心願和事業

　　如果認為父母做不到，自己也做不到，那就是粗暴對待養育自己的人。要感謝先人給自己一個挑戰困難的機會並努力去做，這非常重要。繼承父母先祖未竟的心願和事業，是為大孝。

　　父母可能有諸如「因為家庭因素放棄了上大學」、「雖然夢想創業卻做了一輩子上班族」等遺憾，做子女的可以代替他們去實現夢想，不可認為父母不能、所以我也不能。

　　我就曾說過：「要替父母實現他們的願望。」下定決心後，無論多麼困難都會努力克服，結果我發現，多虧了父親，我才會如此拚命學習，真感謝父親！

　　超越父母的力量，有時是由自卑感激發出來的。多虧父親的貧窮，我才能夠如此認真努力，直到現在我也很感謝他。實際上，父母也可能覺得「我家的孩子不可能做到……」，但當我們讓自己發光發熱，拿出遠超出他們期待的成果時，就可以讓他們大吃一驚。所謂孝敬父母可以說就是代替父母

完成沒能做成的事。

　　來秋山木工學習的年輕人，有很多是家族企業的下一代，為了能夠成為合格的繼承者而來到這裡接受鍛鍊。在日本，傳承了上百年的企業有兩萬多家，這些企業大多是家族企業。在日本人的傳統觀念中，家業是神佛所授予，將經由父母先祖延續下來、神佛所授的事業傳承下去，並且發揚光大，是很偉大的孝行。

方法 7
養育有愛心敬意的子女

　　認真將子女培養成為一個擁有愛心和敬意的人，也是行孝的重要方法。

　　據我所知，中國老人特別疼愛孫子輩，很重視他們的成長，上年紀後大部分時間都會花在自己的孫子輩上。能夠帶領配偶一起行孝，共同養育有愛敬和孝順之心的子女，才會讓父母晚年真的安心喜悅。

　　如何才能養育出這樣的子女呢？

以我的人生經驗來看，孝順的人，他的孩子往往也孝順。如果想培養聰明且品行又好的孩子，首先自己要孝敬父母，如果自己不孝順，孩子也不會孝敬你。

　　秋山家是當今日本少有的大家庭。妻子、兩個小兒子，還有我與前妻（病亡）生的兩個女兒，以及兩個女婿和四個孫子，總共十二人一起生活在同一屋簷下。大女兒每天早上三點起床，為學徒們準備好工作間隙休息時吃的點心，然後才去公司上班。

　　看著母親從早開始忙碌，孫子就替她洗好晾好全家人的衣服、再淘洗了米，然後才去上學。其他孫兒可能知道他們的爺爺我從小為貼補家用去送報紙的事，所以一到週日，都來找我要活幹。兩個兒子雖然都還小，但也是一放學回家就到公司，給來參觀的客人領路介紹、倒茶送水，或者幫忙把鞋子擺整齊，都在努力做他們力所能及的事。

　　那些哀歎孩子不孝順的父母，應先讓自己的父母和配偶的父母開心起來，孩子看著你們的所作所為，就知道該做什麼了。

方法 8

正向影響父母的人生

　　孩子若能影響父母的人生，這是非常了不起的孝行。

　　我曾以為憑一己之力就能將一個學徒培養成合格的匠人，後來經過數年的工作實踐，才發現高估自己了，一個人是不可能培養出一流的匠人的。

　　除了學徒個人的努力、公司的真誠幫助、老師的嚴格教導之外，還必須有來自父母的支持。因此，秋山木工招收弟子，不僅要面試申請者本人，還要去他家裡面試他們的父母。父母必須與學校密切配合，共同培養匠人。

　　學徒們在學習期間集體住宿，不允許使用手機和電話，每天學習和生活心情只能通過書信或工作報告與父母溝通。守護孩子成長的父母，在看到自己的孩子在秋山木工的成長和變化，也會跟著成長。其中，也有人不想輸給正在努力的孩子，辭去教師的工作，再去上大學呢！

　　如果父母把自己的夢想強加給孩子，強迫孩子「要成為那樣的人」，親子關係會很緊張；相反地，如果父母為了實現孩子的夢想認真努力的話，孩子們也可以從中獲得克服苦

難的力量。對父母來說，沒有比這更幸福的了。不管擁有多高的地位和名譽，都不能獲得這種幸福，將這份幸福送給父母，也是一種孝順。

方法 9
即使父母去世仍時時不忘天上先祖的看顧

　　即使父母已經去世了，也要以一種不讓天堂的父母感到羞愧的方式生活，改變行動，改變結果。父母的靈魂會在天上一直看顧著自己。

　　想偷懶時、想隱瞞過錯時、想推託賴帳時⋯⋯，一想到「父母在看顧著」，就能夠打起精神、堅定一點。雖然某些程度上能瞞騙得了生活中的人，但在天上的先祖連你的內心都能看透，是騙不了的。

　　有些人為父母在世的時候沒好好孝順而懊悔，其實無須懊悔，時時憶念父母的好、找父母的好處和優點，試著仿效他們，如此一來不管到幾歲都能開始孝順父母。

當碰壁、懊惱、迷茫時，看看父母的照片，去他們的墳前說說話，都很不可思議，可能突然得到答案和靈感。

一個人認真工作的話，天上的父母、祖先們都會保佑的。

方法 10
自我覺醒、立身行道

那些能夠立身行道、活在天命中的人，其作為就是莫大的孝行。

我們的世界正處於一個非常時期，物質財富的極大滿足並沒讓人們身體、精神和心靈更豐富，反而變得空虛貧瘠；地球生態也日益惡化，危機重重。

現在，為了因應這樣的挑戰，全世界有識之士都在積極奔走。我作為一名匠人，立志要為二十一世紀的日本和全世界培養出至少十位、在心性和技術上都超過自己的一流工匠人才，為人類的未來貢獻力量。

我今年七十多歲，承蒙老天爺和祖先的眷顧，雖然幾次與死神擦肩而過，最後又恢復了健康。因此，我每天都活在

這樣的天命之中，不敢有絲毫懈怠。

在秋山木工，通過八年時間的精心培養，學徒在成為能夠獨當一面的一流匠人後，全將被解雇。人在同一個地方待上九年，就不再有緊張感，會像失去彈力的橡皮一樣，無法大顯身手了。在人的緊張感還沒完全消失的關鍵時刻，趕他們出去，可以為社會做出更大的貢獻。我就是想增加能對社會有所貢獻的人。

一說是來自秋山木工的工匠，其它單位多爭相引進。弟子們憑藉良好品德和傲人技藝活躍在國內外木工舞臺上，如果有什麼事，無論多忙，他們都會立刻打點行裝，回到我身邊。這就是我作為培養他們的老師感到無比欣慰之處。

我相信，能夠立身行道、活在天命中的人，所作所為就是莫大的孝行了。

行孝：激發匠人精神的核心秘訣

第 四 章

知恩 . 感恩 . 報恩
秋山弟子的故事十八篇

對每一個弟子來說，

整個秋山木工修學的過程就是知恩、

感恩和報恩的行孝過程。

在秋山木工的育人方法中，

父母長輩、學徒和師父是一體的，

三方同頻共振，才能激發出弟子們的潛力，

也能幫助父母、師長不斷長進。

為了把秋山木工育人方法進行更加透徹的總結，我邀請了梁正中先生（匠人精神［孝道］傳習中心發起人）對幾個近年修完八年學業的弟子們、以及他們的父母，一一進行深入專訪。

　　在和弟子的父母交流過程中，讓我這個作師父的，更加看清了現今日本和華人社會普遍存在的家庭和學校教育問題。

　　我相信，秋山木工式的育人方式，無疑能為解決這些問題提供一個有效的方法。之所以這樣說，是基於自己作為一名傢俱職人的經歷，以及幾十年帶領弟子學習的體會。

　　能夠成為秋山木工學徒的，並非都是天賦異稟的人，相反的，那些年輕人往往帶有很多不好的習性。但是，在我嚴厲苛責教育之下，他們當中絕大多數人都懂得了感謝與報恩，通過行孝加深或重新建立與父母先祖的連接，從而走上了成為優秀職人的道路。

　　接下來，和大家分享梁先生與三位弟子、和他們父母的訪談記錄，希望對大家有所啟示。

　　　　　　　　　　　　　行孝：激發匠人精神的核心秘訣

清水歡太 (26歲) ／
立志培養超越自己的弟子

清水歡太說：

　　高中畢業之後，我按照父親的建議來到秋山木工學習。

　　我家裡有五口人。父親，母親，兩個哥哥和我。

　　在進入秋山木工之前，我們一家人都住在社區一間六張榻榻米大小、隔成兩間的房子。父母從小就幫我養成了獨立生活的好習慣。他們從來沒有憑空給過我零用錢，只有在我打掃住宅區公共樓梯或者為別人做事情的時候，才會給零錢作為獎勵。高中時，我曾經每天淩晨兩點就起床去兼職送報。暑假期間，我還得為家人做晚飯，所以，對於做飯我是滿有自信的。而且，那時我早已取得專業木工必備的算盤能力水準（初段資格），我想，適應秋山木工的生活對我來說應該很容易。

　　第一年的學習極其嚴格，生活也極其緊張，但是因為之

前的生活經歷，我並沒感到太辛苦。當然，也有由於睡眠不足、睏到不行的時候，稍有空閒就睡在木屑堆裡，用手機設定一分鐘的鬧鐘，甚至，偶爾也曾在廁所小睡一下。

　　同期進公司的其他學徒大都是帶著強烈的熱情和動力來到這裡，而且多是職校工業科出身，對於各種類型的木材和設備都能很快理解，也都比我熟悉許多，我這個高中普通科畢業生，則對這些內容理解起來頗有難度，為此不得不額外下一番功夫。

　　　　　　　　　行孝：激發匠人精神的核心秘訣

在秋山木工，撰寫工作日誌是每天的必修課。日誌每個月會寄給父母過目，父母閱讀後，要寫下評語再寄回給我們。每次大家輪流朗讀來自父母的回覆時，很多學徒都在哭；但是，我沒有特別感動，也沒有哭，並且覺得同學的哭泣有點莫名其妙。這或許因為，那時的我還沒意識到其背後的意義吧？所以，當其他的學徒在報告頁上寫得密密麻麻時，我總是只有寥寥數行，給父母的留言也只有兩三行字。最初幾年間都一直如此。然而，一直以來，父母的回覆卻總是寫了滿頁。父親說，他擔心我這樣會被退學，母親雖然不擅長寫東西，但也堅持寫了好幾年。

　　從第三年開始，工坊生活變得更加辛苦，我對日復一日的勞作開始生起懷疑。

　　我想，一直做這些，真的好嗎？其他學徒都以奪取全國技能大賽獎牌為目標而努力不懈，但我進入秋山木工不久就拿過銀牌，此後，就沒特別想繼續參加全國技能大賽，這樣一來，幹勁兒也隨之下降了。

　　第四年過新年時，父親說希望我能拿一次金牌。當時的我，正處於焦躁和迷茫，便意氣用事地說：「我不想參加那種比賽，也不想要什麼獎牌了！」

　　那一年，也就是我沒參加全國技能大賽的那一年，奶奶

去世了。我是奶奶養大的孩子，小時候經常住在奶奶家。奶奶每年都來看我們的比賽，每次都會用自己的養老金買我的作品。據說她把那些作品放在家裡，向所有人誇耀我的成就。當我獲得銀牌的時候，父母和奶奶都為我高興不已，奶奶曾說看我穿上匠人的法被（工匠、技師所穿的外套式傳統和服短上衣，領口或後背印有名號）就是她的夢想。

沒讓奶奶看我勇奪金牌的遺憾，提醒我應該更加精進努力；同時我也逐漸感受到父母對我的珍重和期許。雖然每次工作日誌，我只寫了幾行，但父母的評語都寫得滿滿的，還經常給我寫信，盂蘭盆節和新年回老家，顯然他們都十分高興。我想，如果能拿到金牌的話，他們應該會更高興！為了感謝父母、讓他們高興，也為了告慰奶奶在天之靈，第五年，我再度參加全國技能大賽，並且第一次獲得了金牌。

看到父母非常開心，我內心那種喜悅是無法言表的。

現在，「想孝敬父母、讓父母高興」的想法，佔據了我心中的重要地位。在秋山木工八年的學習，雖然沒做什麼特別的好事，但卻感受到自己時時被珍視。在這同時，我切身感受到應該去做讓別人開心的事，尤其是讓自己的父母開心。

現在，我才真正懂得了對周圍的人、對父母和支持自己的人要心懷感謝。這是我在秋山木工的八年時間裡最大的收

穫。而我能有這樣的改變，也是被秋山師父喚醒的。

　　從前我是一個喜歡獨來獨往的人，也沒有什麼感恩之心。秋山師父曾嚴厲批評我，他說一個人不可能獨立活在這個世界上。當初被斥喝時，我沒真正理解，仍有些叛逆反抗，現在我完全懂了。

　　以前我對新進後輩不感興趣，只是依照慣例轉述前輩教我的東西，從未想過跟他們分享自己的心得；但現在我開始思考，如何告知他們我個人的經驗與體會？如何因人而異地好好引導他們成長？

　　二〇一九年四月，我就從秋山木工畢業了，本來打算離開這裡，和秋山木工的關係就此中止了，但想到秋山師父教會了自己成為一名匠人，而自己並沒有帶出什麼弟子來，所以我後來選擇繼續留下來。為了表達我的感恩之情，也為了讓父母和秋山師父高興，我也要向秋山師父那樣，培養出能夠超越自己的十個弟子。

　　目前還沒去想要待多久，只是一心想要繼續不斷精進。

清水歡太的父母說：

　　孩子很小就喜歡做東西，小時候經常和在工匠家庭長大的奶奶一起做手工。小學一年級的時候就已經會用鋸子幫奶

奶切割魚糕板、釘釘子。由於觀察到這些情況，他高中畢業的時候，我們就鼓勵他去秋山木工試一試。

最初，那孩子寫的報告總是只有幾行，我（父親）擔心這樣他會被退學，所以每次都會寫滿一頁的留言；很不擅長書寫的媽媽，也都十分認真地回覆。

這孩子進入秋山木工，他和我們作父母的都接受了很好的訓練。如今他成為日常生活中能自然而然地表達關心和溫柔的孩子。這讓我們喜出望外，感覺他越來越關心我們，也很珍惜我們。八年下來，他的木工技術不但大有長進，而且還善於指導後輩，關心他人。

現在日本的教育，孩子與父母的交流太少了。每個孩子都有自己的房間，每天相處時間非常稀少。大家生活富裕了之後，都會有些溺愛孩子，在我們那個年代，犯錯了被老師打一巴掌很正常，現在不行了。學校和老師都不敢對學生嚴格責備要求，這也是很大的問題。

行孝：激發匠人精神的核心秘訣

古賀裕子 (30歲) ／
不願再看到父母失望的樣子

古賀裕子說：

　　我從東京理科大學休學，立志做一名木匠，於是決定到秋山木工接受訓練。

　　我家有六口人，父母之外，還有三個姊姊。我是在父母和姊姊們的愛護下長大的。這或許讓我養成了只考慮自己的好惡得失，而不大在乎別人的不良習性。

　　我攻讀的是建築專業，在大學三年級的時候，漸漸地感受到自己在這方面才能不足。即便繼續學習下去，將來當了總承包人、或者在建築單位上班的話，也會懷疑自己能不能做好這份工作，似乎看不到希望。所以，我決定休學、加入秋山木工。

　　但是，我很清楚，休學會讓父母親相當失望。特別是父親，他強烈反對，一個月不跟我說話。而且，他看我無所事

事的樣子，喃喃自語說：「明明是個女孩子家，怎麼……」那讓我大受打擊，情緒複雜，反而生起離家出走、再也不回來了的想法。

當然，父親最後還是妥協了，他說既然是自己的決定，就去吧！

剛入社的時候，我的自尊心很強，常常是秋山師父讓我往右，我就偏偏要往左。我自覺是同期生中最乖僻的一個。日前看了當時的錄影，發現那時候的表情和言行，可真是負面陰暗。

這裡真的相當嚴厲，由於老是被罵，所以我經常抱怨。從入職以後，幾乎每天都浮現辭職的念頭。但其實我從沒遞過辭呈，也從沒真的想要放棄。

最後成為我最大動力的，是秋山師父的一句話：「如果從秋山木工辭職的話，會更讓父母失望。」

為了能夠讓父母另眼相看，我只能在這裡奮勇拚搏。因為我不想再讓父母失望了。我忘不了從東京理科大學退學時，父親失望的樣子。

幾年間堅持寫日誌本，不放棄。當時媽媽寫在報告裡的話，也是歷歷在目。我在日誌本上寫過，決定入社後，大家都必須剃光頭，女孩子也不例外。媽媽在回信中寫到：「雖

然已經做了心理準備，但看到（作為女生的）裕子成了光頭，這……」我感覺得到，當母親寫下找不到文字可以表達的「……」時，內心該有多麼震驚。

在日誌中，被師父罵的樣子，丟臉的時刻也全都被父母看到，並且還受到父母「這樣下去是不行的」這樣的嚴厲批評。當然，或許是擔心我受不了如此沉重的打擊，父母在回信中也會寫「雖然讓公司和大家感到負擔，但是稍稍犯一些錯誤是好事。只要不被退學就可以了」這樣的安慰鼓勵。

奶奶也一直守護和支持我。初次展覽會時，奶奶來了。她說看到已經成為匠人的各位師兄弟披著法被的樣子，更期待我能早早加入他們的行列。

想到這些，我再也不能讓支持我的人失望了，那份想要回報他們的期待的心情越來越強烈。正因此，我才持續了八年，沒有半途而廢。

前些時候就在我即將畢業的前夕，一直期盼著我成長的奶奶去世了。這讓我感覺，似乎她一直都在守護我，從進入秋山木工，到順利結業。她或許覺得已經可以放心了，便駕鶴西歸。

在秋山木工八年，我看到了秋山師父和他家人的相處之道，他在家庭中樹立的榜樣讓我非常佩服。

每次和秋山師父討論事情的時候，他總是先將我們自私的想法排除掉，再通過自己的親身實踐，告訴我們一些道理。他從來不稱讚我們，教導極其嚴格，那些都是需要體力和精力的，但是秋山師父自始至終一直堅持這樣教導我們。

　　秋山師父曾經：「去洗手間的時候也好，洗澡的時候也好，要不間斷地想到父母。」在第四年畢業、第五年成為職人之前，我做了一個佛龕作為畢業作品，因為我時時刻刻想著家人的緣故，所以佛龕做得非常順利。

　　當我把佛龕當作禮物送給父母的時候，他們當時驚喜的表情，讓我後來連做夢都再次見到。父親看著我的作品，說了一句：「真厲害啊！」而母親默默無語，只是熱淚潸潸。

　　而後，我能做出讓客戶感動的傢俱，主要力量就是源於那一刻的感受。由此，也讓我明白了「設身處地為他人考慮」這件事。

　　現在，也許是看到了自己的變化，以及自己已經能夠為家人、為身邊的人考慮，父親對我說，這八年真是值得，當初休學看來還不錯嘛！

　　兩年前，二姐懷了孩子，這是父母的第一個外孫，所以倍感期待。看到那時父母臉上洋溢的笑容，我呆住了。我從未見過他們如此高興。現在，我從秋山木工畢業了，我會和

同門師兄結婚，婚後我也想給他們生個外孫。

　　進入秋山木工前，我只考慮自己，堅決從學校休學、進入秋山木工，辜負了父母的期望，但一直以來，包括我的父母，他們仍然愛護我、支持我，這一次應該換我來回報他們。

　　並不是說我要為生小孩放棄做傢俱、成為匠人，因為和姐姐、父母、家人一起做木工一直是我的夢想，希望十年內可以夢想成真。

古賀裕子的父母說：

在報告裡看到裕子多次因為同樣的事情被社長和師兄弟責罵，那不聽話的樣子，真讓我們感到無地自容。

那孩子固執得很，從來不會聆聽別人的話，所以多挨了很多罵。

裕子是家裡最小的孩子，是我們捧在手心裡長大的，所以她缺乏感知周圍的能力，這是我們作父母的沒盡到責任。如果裕子無法忍受，又從秋山木工退學的話，那麼我們擔心這孩子一生都將過著逃避辛苦的生活。所以我們不斷鼓勵她，勸她在寫報告或寫信的時候多下些功夫，平日多記筆記之類的，儘量給她一些建議，也儘量正面思考，稍稍犯些錯誤、累積些經驗也算是好事，總之，只要不被退學就可以了。

後來過盂蘭盆節和新年的時候，這個以前什麼都不會做的孩子，開始主動下廚幫忙，每次回家也會磨磨菜刀，讓媽媽的日常工具變得更好用。

回想裕子最初做的櫃子，抽屜是打不開的，而後年年技藝增進；而且，她漸漸地能夠感受到父母和姐姐們的心情，對我們倆以及祖先的感恩之情也日益明顯，看到她的成長，我們都很欣慰。前幾天，我們一家人去旅行，裕子察覺到我們和姐姐們的情緒，主動做了許多事。裕子真的越來越有人

情味了。

　　看到孩子努力地工作，不禁想著，我們自己也要為社會和世界做些貢獻。

　　我們的家庭教育沒能做到的事情，多虧了秋山社長和秋山木工坊，代替我們做到了。秋山先生對待弟子，是從不稱讚的，但很嚴格的愛就在其中。現在大家不知不覺都對孩子太溺愛了。我們非常感謝秋山先生對孩子的教導。

山口友義 (26歲)／
從只會逃避到懂得堅守的合格匠人

山口友義說：

　　來到秋山木工之前，我在鹿兒島一所工業高中就讀。

　　高中一年級的時候，母親因交通事故去世了。當時我入選足球隊，每天拚命練習，回到家時大都要到晚上十一點左右。中午的便當自理，父親會為我做早餐和晚餐。後來退出足球隊之後，仍經常很晚回家，還被學校點名特別輔導，給父親添了很多麻煩。

　　來到秋山木工是因為父親在一本雜誌上看到秋山木工招收學徒的訊息，要我來試試。那時我早聽說這裡超嚴格的，所以一開始十分擔心。

　　投送簡歷之後，我得到了赴秋山木工參訪見學的機會。而後秋山師父提出想去我家看看，那讓我非常驚訝。秋山木工在橫濱，而我家在九州的鹿兒島，兩地相隔極遠。但秋山

　　　　　　行孝：激發匠人精神的核心秘訣

師父堅持前往。

那天在我家聊了五、六個小時。因為是中午時間，就在家裡吃了便飯。秋山師父問了很多關於家裡的事情，最後和我父親再三確認，是否真的要把我送去秋山木工學習。

就這樣，我一畢業後立即就過來了。那年，我十八歲。

剛開始，我心裡一直不安，每天都想要退學，還曾私自跑出去兩次。

第一次我偷偷買了機票回家。然而，秋山師父已經覺察到，所以在我到家之前，就已經給父親打過電話。當我一回到家，就看到父親雙手叉腰、堵在門口，大聲斥喝道：「這裡沒有你回來的地方！」

父親的斥喝給了我強烈的震撼。雖然那之後困苦的事情仍源源不絕，但想到一旦離開秋山木工就沒其它地方可去，只好硬著頭皮繼續忍耐堅持下去。如果沒有這件事情，我想我一定不可能完成在秋山木工的修行。

那次我在家住了兩天，一邊哭一邊和父親溝通，秋山木工的學長前輩們也不斷打電話來關心，最後我決定再回工坊。

第二次從秋山木工逃跑是因為受到前輩的斥責，一時情緒激動，轉身就走人了，但畢竟無處可去，過了一會兒便又

折回工坊。

那時，我忽然回憶起已過世的母親曾訓誡我不可「一遇到討厭的事，立刻就逃避」。然而，經過這些年的學習，現在遇到討厭的事情，我已經不再逃避了。

來到這裡三年後，我才真正安下心來。在這個過程中，日誌本成了我的精神食糧和動力來源。收到父親第一次回寄的日誌本時，我回想起自己給父親添了很多麻煩，以至於輪到我時，哽咽到無法好好朗讀出來。既有痛苦、也有感謝，很多情感一時泉湧。我想如果沒有集體合宿和每日嚴格修練的生活體驗，這些情感也不會激發出來。

在日誌本裡，我經常被父親責備。看到日誌本寫到我經常遲到等跟不上團體節奏進度的事情，父親相當擔憂。後來每個月我都很期待父親寄回的日誌本，通過日誌本，可以對一天進行盤整總結，逐漸增長了日新又新的思考能力，獲得了自身的成長。我確實從日誌本獲得了活力。

除了責備之外，其實父親始終也在鼓勵著我，讓我繼續堅持下去。他說，只要堅持下去，就能成為真正的匠人了。我能走到今天，真的要感謝父親的支持。

父親喜歡喝酒，在畢業典禮上，我想一定要讓父親歡喜，就特意製作了一個小酒櫃送給他，表達對他的感恩之情。同

行孝：激發匠人精神的核心秘訣

時，我也想讓父親看到，我可以做出這樣卓越的傢俱。

父親收到酒櫃時說：「好厲害啊！」不過我覺得父親可以更開心一點，看來我還需要繼續精進。我一定要努力讓父親更吃驚、歡喜。父親以前也曾為他的父親、也就是我的爺爺做過鞋櫃，這也是一種傳承吧！

八年的學徒生活，真正讓我懂得了堅持的重要。同級生中，自己是最差的學徒，但即便是這樣的自己，在堅持的力量下也能有變化長進。

而最讓我感動的，就是從秋山師父那裡學到了為他人著想、讓他人感動的精神。正常來說，我應是已被退學很多次的人了，但師父對我依然不離不棄。同時，我也從秋山師父身上看到了「就算失敗也不放棄」的精神。失敗中也可以學習到很多東西，不能因為一次失敗就輕易放棄。今天我能成為一名匠人，多虧了秋山師父的教導。

這些事情都是我親身經歷之後所感受到的東西，對我影響很大，可以說是八年間最大的收穫。

另外，我是一個很怕生、非常容易緊張的人，不擅長與人溝通交流。今年春天學徒生涯結束後，我開始了一個人的生活。這裡離家鄉很遠，在不熟悉的土地上，結識了新的朋友，積累了各種經驗，遇到困難的時候，也獲得了很多人的

幫助，感受到了他人的溫暖。雖然偶爾會發生爭吵，但也會從中汲取教訓，獲得成長。

這過程中，我發現心地溫暖的人很多，由衷生起感謝之情。能這樣想，真的是托了在秋山木工修行的福，是秋山木工教我認識心性的重要。經過八年時間，現在與外面的人接觸時，我已經能理解當時所不明白的重要道理了。

最近我結婚了，計畫明年舉行婚禮。目前我在秋山木工的事務所從事銷售和製作管理的工作。在辦公室裡，我從同事的身上學習到了很多。

未來我打算回父親的公司，繼承父親的事業。雖然父親是做室內裝潢的，但我今後想在公司裡設立一個傢俱製作部門。為了成為稱職的經營者，我拜託秋山社長讓我繼續在這裡學習、精進。

父親的工廠越做越大，希望父親也持續不斷地精進，成為我無法逾越的目標，我願跟隨父親的腳步不斷前進。

山口友義的父親說：

當初我曾打電話聯繫了秋山先生，後來他又親自打電話，說要來家裡拜訪。在溝通交流中，我感受到秋山先生嚴厲的背後，有非常善良的一面，從中我也感受到了他特別的能量。我相信沒有比在秋山木工更好的學習環境了，所以就下決心讓兒子前往學藝。

最初幾年，兒子每天都想退學。我經常勸慰他，告訴他再堅持堅持才能成為真正的匠人。在他學習一年多的時候，自己偷偷跑回來一次。那天剛好秋山先生打電話過來，告訴我說兒子可能回家了。就在那一瞬間，我發現他真的回來了。秋山先生沒多說什麼，只要我慢慢和兒子溝通，但我還是氣得嚴厲地告訴他，家裡已經沒有他生活的地方了，所以，他又回到了秋山木工。

現在孩子能夠成為獨當一面的匠人，變化真的很大。我對此非常放心，他最近要結婚了，讓我感到很開心。

在秋山木工八年的學習，教會了孩子很多道理，例如，不只是關注自己，更要關注周邊的人，自己的前輩、後輩、工廠工作的匠人，大家一起起床、做飯、生活，為了同一個目標而奮鬥。這可能才是孩子最大的成就吧？

現在日本的教育有很多問題，難以因材施教，也不講究嚴格。雖然每個人的價值觀不一樣，但如果能在嚴格的環境下學習，這樣是有益成長的。

　　看到孩子每天這樣的努力，對自己來說也是一種激勵。因為我也是做木工的，也想著一定要把本職工作做得更好，希望孩子未來與我的公司共同成長。

　　真的要謝謝秋山先生。

上面三位弟子修學的歷程，可以說是學徒們的代表。

　　現在的日本社會，家庭教育的方式出現了很大問題。雖然父母都很善良，都對孩子們有很多關愛和期待，但是並不能為他們提供一個同時具備「愛」與「嚴格」的環境。

　　如果愛沒帶著覺察，往往會讓孩子們變得自私自利，只考慮自己，不考慮別人。這樣的人缺乏對周圍的人和事物的感知能力，更不會懂得感謝和回報父母。

　　這樣的話，他們怎麼能成為優秀的匠人、創造出令人感動的作品呢？如果孩子們都是不懂得感恩和報恩的人，我們的社會還有未來嗎？

　　我從來不會稱讚他們，之所以如此嚴格，就是因為，只有嚴格的愛才能夠最快地除掉他們以自我為中心的自私、傲慢和惰性。

　　同時，我堅持學徒們每週在日誌本中向父母彙報修學情況，真誠地與父母溝通，也積極接受父母的回饋。

現在，學徒們還增加撰寫「知恩父母小故事」，每天找父母的好處，以此培養自己的知恩和感恩之心，從中深刻感知父母長輩的恩情，並萌生回報父母長輩、回報社會的真心。帶著這樣的真心去磨練自己，就一定能夠成為一名優秀的匠人。

　　在秋山木工，像清水歡太和古賀裕子這樣的弟子還有很多。能夠將他們培養成優秀的匠人，是作為師父最高興的事情。

　　當然，這其中必不可少的，是父母長輩的共同協力。今天的父母家長往往把孩子的教育問題直接推給老師和學校；而老師和學校也很少能夠在教育過程中充分發揮父母長輩的巨大作用。

　　然而在秋山木工的育人方法中，父母長輩、學徒和身為師父的我，是一體的，三方同頻共振，才能激發出弟子們的潛力，也能幫助父母、師長繼續不斷長進。

　　對於每一個弟子來說，整個修學的過程就是他們知恩、感恩和報恩的行孝過程。諸位年輕的讀者如果能夠按照行孝的十個方法去實踐，也一定能夠

像秋山木工的學徒們一樣，走出自己的成功人生。

　　同樣，對於已經身為父母的讀者也可從中觀照自己的生命狀態。因為，今天父母的生命狀態，很大程度上決定了自己孩子的生命狀態。父母是孩子的榜樣，我們是否有生命的追求？是否足夠孝敬自己的父母？子女是父母的反射鏡，我們作父母的改變了，孩子們也會改變；孩子們改變了，我們也會從中成長進步。

　　以上就是秋山木工的育人之道。

　　下面摘錄的是，秋山木工的弟子們與父母先祖連接的小故事，希望對諸位在行孝方面有所幫助。

浜井步友 (20歲) ／
要讓父母看到我不斷成長

我夢想成為一名木匠，今年才從九州大分縣來到東京進入秋山木工。將來的目標是成為九州第一木匠，讓父母開心。

我父母離婚了，母親外出工作，和外婆一起養育姊姊和我們三兄弟。即使很辛苦，但母親從沒讓我們看過她愁容滿面的樣子。她一直都開朗積極地向前走，誰要是抱怨幾句，她就立刻制止，每日總是笑臉迎人。雖然我有點怕生，但我相信自己應該也有母親那樣積極開朗的一面，所以我一直仿效母親的優點，為了能讓客戶笑顏逐開而認真努力著。

現在雖然不住在一起，但我一直覺得母親在身邊陪著我呢！這種感覺很強烈，所以我並不覺得寂寞。或許倒不如說，正是離開了母親，我才知道原來除了家人還有這麼多人支持我，所以覺得很幸福。家族的叔叔、妹妹們、鄰居們、朋友

行孝：激發匠人精神的核心秘訣

們，正是有他們的支持，才有現在的我。

　　為了能讓大家更清晰地看到這一聯繫，我要更加、更加地努力。

　　對我來說，盡孝就是讓父母看到我不斷成長的樣子。最大的孝順，就是成為一個能夠關愛他人，心胸寬廣的人。為此，即使遭遇苦難，也不要想著是苦難，要繼續樂觀開朗地做下去。

　　一個人如果不用腦思考，而是打從心裡這樣想，心胸便能夠從容開闊，也就更能為他人著想了。

佐藤修悟 (19歲) ／
一心投入能戰勝疾病

明明幹勁十足地來到秋山木工學做傢俱，但一開始卻要求我做自我介紹，而且，如果沒辦法好好介紹自己的話，還不讓回宿舍。老實說，我一直想不通，為什麼要讓我做這些不相干的事？心裡一邊想快從這裡解脫，一邊又想要得到師父的認可，拚全力埋頭苦幹。

但是，回到宿舍，冷靜下來一想，師父說的話滿有道理的呢！就是那句「木匠只有技術是不行的」一直縈繞心頭。

師父說，怎樣讓離我最近的人——父母高興起來呢？如果連這個都不懂的話，哪有辦法讓素昧平生的客戶高興呢？做不到這點的話，我想，也許光有手藝也無用武之地。

接下來十天考試期間，我領悟了必須感恩父母。高中畢業以後我就一直住在老家，從飯食的準備到生活的照顧，我認為父母為我做這些都是理所當然的。但那當然不是，我明

行孝：激發匠人精神的核心秘訣

白了他們罵我也都是為了我好，我重新認識到父母的堅強和偉大。

並且，那十天裡，從木匠心得三十條，到製作傢俱使用的五十種不同的工具和材料，以及傢俱的清潔方式、保存方法，和算盤、書法等，師父都教給了我們。

在我學習對每一位教導我的人道謝的時候，我明白不僅僅是現在應該感謝，今後也要感謝許多人的支持才能往前走。

考試結束後，我真心這樣想──要在這裡磨練自己的心性和技術，要讓父母為我歡欣！

我從兩歲開始每天要注射四次糖尿病藥劑，在秋山木工這裡專心努力一年之後，竟不知不覺停藥了。之前，父母一直擔憂我的病情，這是我第一次讓父母驚喜感動。

我要繼續好好學習，等我成長到可以獨自完成任何傢俱，並被父母認可的時候，我想那才能算是我第一次盡孝吧！

加藤颯人 (23 歲) ／
因父母的信任要更努力

我在大學學習造園技術，畢業後來到秋山木工。

我們家族沿襲造園業已有一百多年，我是第九代。我的目標是先要在這裡磨練我的品性，並完全掌握可以獨當一面做傢俱的技術，成為一名感動更多人的木匠，進而繼承家業，凝聚員工。

我相信這就是最大的孝行。

現在，父母最開心的是，收到我寄回去的日誌報告和素描簿。他們給我回信的時候，總會寫著「字寫得真漂亮啊！」、「讓你去那裡真是太好了！」這些鼓勵我的話。聽說母親每次讀報告的時候，讀著讀著就會哭起來。

今年是第二年了，最開始在同期五個人裡，我是最不中用的，也老是失敗，總給身邊的人添麻煩。雖然很難啟齒，但是至今為止，我基本上沒讓父母責備過，所以，在這裡被

行孝：激發匠人精神的核心秘訣

師父和師兄訓斥時，實在很緊張也很難堪。寫報告也是，每天都得接受師兄的批評，說真的，我覺得面子都快丟光了。母親看到報告很擔心，給我寫了：「去觀摩一下寫得最好的報告吧！」、「難受的時候就深呼吸吧！」……之類鼓舞的話。

在公司同事面前，看著母親來的回信，滿腔暖意升起，我情不自禁大哭起來。但是，就因為自己的無能如此暴露在大家面前，反而轉換了我的心情態度。

秋山師父是一位擁有強烈信念、決志培養人才的人。雖然因為我總是犯同一個錯誤被他訓斥，但他還是不厭其煩地指導我，讓我信任自己的可能性，他完全不覺得跟這傢伙說什麼都白費力氣。

正因為父母和師父這麼信任我，我一定要更努力，絕不能辜負了他們。

阪本薰子 (35歲) ／
想為母親創作並成為女木匠典範

我從短期大學畢業，工作一段時間後，二十八歲才來到秋山木工。

「快三十歲的人了才要去做木匠？一個女人做些穩定、沒什麼挑戰的工作就可以了！」我父母之前總抱持這樣的想法，但我決心去做我喜歡的工作，所以不顧家人反對，毅然來到秋山木工。有位以結婚為前提而交往的男友，也因此分手了，這更讓我的父母懊惱。

進到秋山木工，比想像中更殘酷的日子乍然來到。從「妳真是傲慢」開始，到好多次被罵：「不機靈」、「就按照說的去做也做不到？」、「要動動腦啊！」、「簡直笨蛋」……我也想按師父教的那樣去做，但二十八年來積累的自我意識和社會經驗成了我的障礙，不管怎麼做都不對勁，就是無法像同期生那樣老實聽話去做，我感覺就像撞上一堵高牆。

行孝：激發匠人精神的核心秘訣

前三年，腦子裡全是「在我能夠做傢俱之前，只能忍」，但現在回想起來，正因為比大家起步晚，所以才有一種無論怎樣艱苦也得努力堅持的心態，如果自己是十八歲時被父母送來，恐怕根本堅持不了。

　　這八年，我非常感謝揪心支持我的父母，還有願意培養一個二十八歲女性新人的師父。師父為了培養我，一定是用了培養別人的十倍能量。這樣一想，原來我曾處在一種何等幸運的環境啊，到現在我仍深感幸福。

　　這是我作為秋山木工木匠的最後一年，師傅一直對我說「謙虛很重要」，我到現在才終於明白。

　　木匠的世界目前還是男性的社會，作為女性在這裡被培養為一名木匠，我必須讓自己的人生更豐富。今年，我結婚了，還生了孩子，我一直想為母親做一件能讓她覺得「要是有件這樣的傢俱就好了」的作品。我要勇敢探索還沒有人前往的木匠領域。

　　我想向後代證明，女性也好，結了婚也好，生了孩子也好，都可能成為一流木匠的。

松浦尚見 (30歲) ／
為家計奮鬥反而使我強大

完成秋山木工的八年研修後，我四年前開始在大阪的公司當木匠。

我的家庭環境有些複雜。進入秋山木工之後，父母離婚了，母親和我繼父、父親則和四個弟弟一起生活。我的工資不高，但還是每個月都給父親寄送生活費。因為在大學時一直有獎學金，所以給家裡生活費之後，獎學金還夠維持我的生活。實際上，我離家也是為了幫助家計，即使我個人的生活拮据，但我想要大家快樂，因此，仔細盤算後，我決定去提供膳宿的秋山木工。

因為抱著破釜沉舟的決心來到秋山木工，所以我相當努力，雖然身邊的人都說秋山木工極嚴酷，但我對所有要求與批評只覺得感謝，能夠直接指出我的問題真是太好了，因而並沒感覺怎麼嚴酷。

老實說，起初我也曾經想過「說到這樣不會太過份了嗎」？但如今回想長輩對我說過的話，我已經明白大部分都很有道理，而且更因為有了師兄的指導和批評，我才能把握正確的方向，還拓寬了視野。

　　順便說一句，這次為了接受採訪，我又重讀一遍我的報告，才發現自己曾經多麼自大，那樣的我遭受訓斥也是應該的啊！

　　我在秋山木工學會了關愛他人。我目前所在的職場，因為有許多木匠前輩在，所以我的職責就是觀察長輩們想要做的事情，然後提前為他們做好相應的準備。我認為我能夠做得好，都因為曾經在秋山木工受訓。當徒弟時，曾參與拍攝以我為主角的紀錄片《學徒：我要成為傢俱職人》，因而在現在的公司裡，我也備受期待。

　　我一直以出身秋山木工為傲，期許自己能做到比大家所期待的更傑出。

　　雖然周圍的人說我「身子不高但臉皮厚」，但其實我從不把逆境當逆境，是因為我相當自信、自負，總想著如果支撐家計的我倒下了，家人可怎麼辦呢？這份動力和面對工作的能量，在我看來是一樣的。

　　只是想「親人很重要」無濟於事，而且等親人去世，一

切就晚了，所以要在親人還健在的時候，用心付諸行動，讓
他們看到我作為木匠活躍的身姿，希望他們安心歡喜。

　　　　　　　　　　　　　　行孝：激發匠人精神的核心秘訣

石岡佑 (33歲) ／
母親的笑顏與樂在工作中

在秋山木工八年研修結束後，我到岐阜縣修業三年，再回到秋山木工做木匠，然後才從秋山木工集團的公司獨立出來，今年是第二年。

提起學徒時代的回憶，最重要的就是在全國技能競賽上取得金牌的故事。

記得在研修第二年，我第一次出場，連在規定內完成傢俱都做不到，輸得一塌糊塗。那時我非常懊悔也不甘心，回去之後立刻拜託師父允准明年也讓我參加。那之後一年時間裡，我從早到晚，只要有空就會練習比賽項目。也許是那時候，養成了獨立思考的習慣。

成為木匠的第一年，突然被指名當廠長的時候也是，每天都在想「怎麼樣才能早點完成」。當時木匠的人數還很少，

雖然已經被選用了，但自己畢竟還是個學徒呢，任用一個學徒來管理工廠，有時連對錯都搞不懂，所以壓力很大，非常的苦惱。但是，如果自己不能思考奮進的話，客戶是不會等我的，正是那個經驗逼著我成長起來。

如今我想，努力這回事真的樂趣無窮。雖然有前輩說「工作不能當消遣」，但我就是喜歡寓樂於工作的那一類人。覺得有趣而動手的時候，正是靈感迸發的時候。但是，如果自己沒有深入思考過的話，不管說多少次「要享受工作」，都沒辦法達到那種樂在工作的心境。因此，我常要員工們「自己好好去想」。

到目前為止，我認為我做到的最佳孝行，就是順利地成了一名傢俱木匠。

父母離婚後，父親在我成年之前就去世了，所以母親一邊做護士，一邊撫養我和哥哥。母親性格剛毅，口頭禪一向都是「請勝過我讓我瞧瞧」。這樣剛毅的母親卻在我被授予木匠法被的畢業典禮上哭泣不止。她對我說：「這麼一來，我的責任已了，今後請走你自己的路吧！」

到現在我也還沒能超過我的母親，但是我一直在尋找能夠讓母親歡笑的事情，即使再簡單的事情也好。像是她說有

想要的包包，我就買給她，或者自己做傢俱送給她之類的。

　　我不想看到母親哭泣或憤怒，能看到母親的笑容，我自己也很開心。被母親帶到這個世界來，真好！

小松恭平 (35 歲) ／
要為孩子做父母為我做過的事

　　從秋山木工畢業後，我和小三期的學妹敦子結婚，兩年前獨立出來，在埼玉縣經營「小松傢俱工藝」，目前育有二子。

　　在秋山木工能學到別處學不到的東西。其一是，對工作速度的講究。雖然做一件傢俱不會有太大的時間差別，但仍要妥善安排準備。比方說，先把必要的道具擺放在身邊，就能夠省去找工具和去拿工具的時間，師父曾在這部分嚴格要求我，使得如今周遭的人總說看我工作幾乎「像機關槍一樣流利」，這個教誨讓我受用無窮。

　　其二就是，行孝。

　　秋山木工甄選學徒還要面試父母，那之前我認為父母沒什麼了不起的，但那之後，想法就大變了。師父不管教什麼，都會提到父母、父母、父母……，寫報告如此，做木工也如此，他總是說：「這一切都為了讓你們的父母開心。」多虧

師父的教誨，讓行孝的種子在我心中深深扎根，並且發芽茁長。

常聽說師父如何如何的重視家人，所以那時候我經常想，將來回到老家，我也要為家人做這樣的事。

到現在為止我做到的孝行，應該是讓父母有了自己的孫子吧！特別是我的岳父母，他們被孫子圍繞的時候，看起來真的很幸福。每次見面，他們都會說：「敦子能和恭平結婚真是太好了。」在現代社會環境中，一家之主要從事木匠工作，是相當嚴苛的挑戰，但敦子說這樣的生活不只是她的夢想，也是她的幸福，岳父母很為女兒高興。

還有就是在我決定獨立創業的時候，我們雙方的父母都開心支援。我父親是自營業者，妻子的父親也經營一家公司，所以他們給了我很多建議，即使業種不同，但經營的基本道理都是相通的，所以我創業之後，更加深深崇敬父親們。

那之後，我常想著也要為我的孩子做父母為我做過的事，我想這就是行孝吧！行孝把三代人緊緊聯結在一起。

門脇勇樹 (37歲) ／
以懷抱責任、超越能力來行孝

我目前在家鄉山形縣經營「彩樹工作室」，這是我獨立創業的第六年，雇有兩名職員。

說到進秋山木工的回憶，記得最初走出山形縣時，師父帶我去吃了牛肉蓋飯，那是我第一次吃，覺得非常好吃，所以想都沒想就決定留下來了。

「我想讓祖母也吃到這個！」那時我是這樣想的，師父只對我說：「別忘了這份心情。要珍視家人，並且勇於負責，在工作上一定會成功，父母也會以你為榮、為你高興。」

我家原本有祖父母、父母還有兄弟三個，七人一起生活。我出生在一個大家族裡，所以當我獨自到橫濱的時候，想家的感覺好像比別人強上一倍。現在我結了婚，有了兩個孩子，但還是和祖父母、父母生活在一起。

為了具體展現一流木匠的責任感，我始終認真聆聽客戶

行孝：激發匠人精神的核心秘訣

的需求，想交出能讓他們滿意的作品。我的能力還不如師父，所以會花很多時間反覆確認客戶的需求，如此到實際動手時，不必看草圖也能得心應手。

我學到的重點是，不可自我中心、不能自傲自滿。因為嚴格來說，那其實不是自己的作品，只是盡力滿足客戶的需求、讓客戶開心。這一點或許與行孝是相通的。

現在，我也站到培養人才的位子上，我主要傳達給徒弟的還是責任感。我經常說，工作前要先準備、安排，最後才能有成果，即使只用一個道具，也要保證能合理順暢地進行作業，所以要把使用的工具放在身邊，用完後再放回原來的位置，這點很重要。客戶家裡擺放的我們做的傢俱，正是我們師徒三人互相合作的成果，確保合作無間即是充滿責任感的行為。

我如今的目標是給自己稍微超出能力範圍的工作量。現階段該努力擴大公司規模，以找到更廣闊的發揮空間。

我覺得讓父母看到我上進的樣子，就是我盡孝的行動。

野﨑義嗣 (46歲) ／
為讓父母高興把工作做到極致

從秋山木工畢業後，我去德國和丹麥進修，十年前在橫濱創立 Makaroni 設計公司，專門製作訂製傢俱。

在秋山木工學到的，主要是在訂製內容的基礎上，在完全瞭解客戶的使用習慣後，為之創作一件能夠永久使用的傢俱，也是一件能夠讓客戶覺得有了它生活更加美好的傢俱。師父教導我，這就是一名出色木匠的責任。

在進入公司之後，我就明白，工作要做到這樣，在木匠界才會有一席之地。等「出人頭地」了，就能把頭從水裡抬起來，雖然目前一時還在水面下，也要堅定忍耐。當時就有這樣的自覺。然而，同期學徒有十個人，並不是人人都有機會出頭，難免也有人會一直待在水面下，所以我強烈地渴望積累經驗、出人頭地。

　　　　　　　　行孝：激發匠人精神的核心秘訣

　　師父教會了我這樣一個生手，為了回報他，我也仿效他培養出色的人才。像秋山木工一樣，我希望我的公司也能夠被社會需要。秋山師父厲害之處在於因材施教，也就是你達到了怎樣的程度，他就怎樣教你，不早也不晚，不快也不慢。我也要這樣做。

　　行孝和工作的共同點就是，要把想做的事情一直堅持到最後吧！父母總是對我說，去做你想做的事，所以對我來說，作一名傢俱木匠做到極致就是盡孝。相對下賺不賺錢，反而不是最重要的前提，只因為我想做這件事，所以要堅持做到最好、做到滿意，做到超越客戶的要求。

　　對我來說，做傢俱既能夠讓父母高興，又能讓客戶歡喜，還能賺錢，真是我寶貴的財富，感恩秋山木工賜予我這份財富。

石森芳郎 (49 歲) ／
父母教我絕不半途而廢

十二年前，我獨立在橫濱開了一間專門製作特別訂製傢俱的「石森木匠工作室」。

在那之前，我曾到許多地方學習，其中最能陶冶精神的，我想要數秋山木工了。

在木匠養成的世界，不管到哪都嚴峻得很，但主要是在秋山木工那裡開發了精神的力量，因此雖然在技術上幾度信心崩潰，但最後還是能重新站起來，並且積累了寶貴經驗。

換句話說，秋山木工讓我學會「至少精神上不能放棄、不要輸」，這項精神武器在哪裡都用得上，如果做不到這點，到哪裡都很難成功。

其實，在秋山木工期間，我也曾動念放棄。那時正值日本泡沫經濟時期，在一般企業工作的同級同學，有的人光年終獎金就已超過百萬日元了，而我不但沒獎金，休假也少得

行孝：激發匠人精神的核心秘訣

可憐。所以我也曾懷疑，這樣下去行嗎？但終究沒放棄，是因為我喜歡木工。

「別想太多了，為了賺錢去做自己不喜歡的工作，還不如留在這裡。」當時我是這樣告訴自己的。

那之後，我以獨立創業為目標，瘋狂地投入學習。父母自小教育我，人做什麼都行，就怕半途而廢。所以，我發誓絕對不能放棄。

我終於能獨立創業的時候，父母相當開心。現在，我真覺得做東西有無限的樂趣。我喜歡做東西，最開心的就是把東西交給客戶的時候，看到客戶開心滿意的模樣。我想一直這樣工作下去。

作為一名經營者，我一直希望有一天做出一番成績讓秋山師父看看。但我還是贏不了他，正因為我沒贏，所以才更想在他的身邊繼續偷學。

我要做一個像秋山師父那樣、能夠讓世人看到自己不斷成長的人。

八木田剛 (42歲) ／
自我介紹時的一句話讓父子夢想實現

從秋山木工畢業後，我就和兼營塗裝與門窗業務的父親，一起成立了特別訂製傢俱的公司「澀川工房」，至今已十四年了。

從小我就喜歡動手做東西，對一個人能獨立完成的傢俱製作特別感興趣；再加上自認不擅言詞，只適合埋頭動手去做，所以當高中設計課老師把秋山木工招聘學徒的資料拿給我們，我毫不遲疑就報名了。

從秋山木工出來的人都說那裡超嚴格，不過我個人對和同齡人一起住宿學習的生活，卻只有快樂的回憶。在技術方面，四位前輩匠人會用四種不同的方式打造一張桌子，我就能同時學到四種做桌子的方法，漸漸再加上自己的思考、創意，最後形成自己的方法，且提高效率。

我們父子獨立創業的起因，源於進入秋山木工後立即進行的自我介紹。

當時我在腦子裡拚命思索，想說點好聽的，最後情急下脫口而出：「我父親也是工匠，將來我想成立一家公司，和父親一起工作，讓父母高興。」不料這個景象被錄影下來，父母看到後非常震撼，居然就說：「既然如此，我們就朝這目標一起努力吧！」從那之後，我們真的開始認真謀劃獨立創業的事。

秋山木工八年學習生活結束以後，我回到岩手縣老家，父親便說：「土地已經買了，我也要馬上辭去現在的工作。」雖然不能說是「弄假成真」，但一切終究是源自我無心說出的一句話，如今竟成了事實。

另外一個也是始料不及的改變是，既然成為經營者，理所當然要參與經營銷售，如果不克服自己不擅言詞的困難，如何能給自己和員工們的生活提供保證？我經常回想秋山社長講的那句話：「即使有技術，一個沉默寡言、頑固不化的匠人是拿不到訂單的。」因而開始努力練習以和藹的態度與人溝通。

的確，倘若不好好與人交流，不僅沒工作可做，甚至連親子關係也搞不好。

所以我因而學會了和客戶溝通、和父親聊天、和員工交流。我發現說話與行孝和事業的成功其實大有關係呢！

腰原崇 (45歲) ／
從父親那裡繼承木工塗裝之火

父親和秋山社長原是同事，他是秋山木工集團公司的一員，而後獨立創辦「腰原漆裝公司」，公司就設在秋山木工對面，中間只隔著一條街道。

我自己在秋山木工學習了八年，之後回家執掌家業，做了「腰原漆裝」的第二代社長，至今已有二十四年了。

所以從當學徒開始，我就有了明確的前途目標——畢業後進「腰原漆裝」工作。雖然我也曾想到其它地方進修，但在秋山木工學習之後，以及觀摩商店裡擺放的傢俱，和各類塗裝廠家的工作後，我拿定了主張，不再三心二意。

父親腰原勝一直認為自己是日本的頂級匠人，我在匠人修行中漸漸理解其中深意。我明白與其離開父親到別處，都不如待在父親身邊繼續學習更能掌握工作要領。

因為是自己的父親，我誇讚他會讓他難為情，但父親工作中極強的應變能力確實令我肅然起敬。例如有客人要求漆出古董一樣的陳舊感，或者遇到什麼突發狀況，他總能氣定神閒、迎刃而解。

　　另外，將一些東西搭配組合而產生嶄新的方案，他在這方面的創意能力也非常突出。

　　秋山社長經常說：「沒有替客人著想之心，想像力就不會發揮作用。」我認為說得非常對。順便說一下，我也算個孝順的人，但還比不上父親和秋山社長。

　　我也有讓父親失望的時候。父親因自己沒能上大學，所以希望兒子能讀大學，但我卻因為討厭讀書而上了技職學校，沒能替父親完成他未竟的夢想。現在，我作為繼承者和父親一起工作，希望父母至少能為我高興。

　　木工塗裝行業堪稱冷門，在關東近郊地區，像我們這樣有六名工匠的公司幾乎沒有。雖然不是什麼傳統工藝，但如果這門技術絕跡，還是有很多人要受影響。從這個意義上來說，我們的工作還是挺值得自豪的。

　　望著父親的背影，我在心裡暗自發誓，一定不讓木工塗裝之火熄滅。現在，我的任務是在有生之年，盡可能多培養

一些技術出眾的匠人，也希望我的弟子們再去培養更多的年
輕人。

最近突然對秋山社長培育人才的心情有了幾分領會呢！

佐藤伸吾 (22歲) ／
只知追求金牌不等於盡孝

高中畢業進入秋山木工之後，我一直對周圍人說：「在技能大賽上奪得金牌，對我來說就是盡孝。」當學徒第一年，我一心想讓父母高興，於是參加了技能大賽，不料果然一舉就勇奪銅牌，爸媽和我都很驚訝且興奮。

不過，社長卻告誡我：「你以為這樣就結束了學徒生涯？那明年夠你瞧的了！」但當時我沒聽進去，因為我深信第一年能獲得銅牌，第二年必能輕鬆摘金。

然而，驕傲自滿導致我粗心大意，結果在第二年、第三年，連續兩屆技能大賽上，我不僅沒能摘金，甚至連銅牌也沒得到。

去年的金牌選手，是我第一年首次參賽時沒能奪牌的人，他和我一樣連續參賽，所以我清楚知道，僅僅一年時間，他的技術就提高到令人震驚的程度，而我還停留在一年前的

水準。

　　到第三次參賽的時候，我終於明白了社長那句話。

　　今年是我當學徒的第四年，我請求社長允許我第四度參賽。雖然屢屢敗北，但社長還是答應了。對此我深表感謝，今年我要以謙虛的態度認真應對，不給社長丟臉，不讓自己後悔。

　　社長告誡我們說：「不要以為僅以大賽為目標而努力就行，要自問從去年開始的一年，你是怎麼過的？能坦然不心虛地回答這個問題，完美展現平時的實力，這才是真正的技能大賽。」在這一年時間裡，我也認真考慮了這個問題，我不該只以大賽為目標，而是要讓後輩學弟妹們和我一起成長，並將此視為自己的職責。例如碰到有聽講或回答問題態度不好的，或者準備工作做得慢的人，即使只是當場提醒，也要注意方法是否確實。如果上級能夠順暢地指導下級，那麼大家都會變得謙虛，技術和人格境界也將不斷提昇。

　　我認為認識到這點是進步的一個象徵。

　　其實，在去年技能大賽開始之前，我在使用機器時讓大拇指受了重傷，這也是自己精神渙散的結果。雖然手指幸運地沒被切斷，但作為工匠重要的大拇指第一個關節以上已經沒有感覺了。這次教訓絕不能只屬於我一個人，我決心以受

傷的自己為例，將機械的可怕之處告訴後輩們，讓他們不再因此受傷，我要多管一些這樣的「閒事」。

當然，仍期盼將來拿到金牌，相信那時父母也會高興！

山本眞暢 (32歲) ／
「毫無價值的銀牌」的啟示

在秋山木工學習八年後，我進入北海道一家量產傢俱工廠做了三年半，然後再回到秋山木工，如今已過了兩年半，目前擔任廠長。

我認為自己是來這裡學習之後才懂得父母之恩的。秋山木工匯集了全國各地以匠人為奮鬥目標的人，因此那裡經常能收到各個學員父母的來信和各地名產。我出身靜岡縣，父母經常寄來橘子，每次看到又有東西送到，就會深深體會到天下父母心。

另外，對我來說，遠離了父母，才發現他們其實是很好的知心人。在一起生活的時候，總覺得他們很煩，但現在細細閱讀我的工作日誌、最想瞭解我工作生活狀態的卻是他們。當學徒時，我曾兩度和父母商量想放棄，每次都在和父母談話之後，重新建立了信心，並決心付出更多的努力，學

行孝：激發匠人精神的核心秘訣

業因而得以繼續。

使我萌生退意的原因之一是，在技能大賽上連續兩年獲得銀牌後，秋山社長卻冷峻地說那是「毫無價值的銀牌」。

自進入公司以來，社長一直說我頑固，因為往往他說東，我卻偏要向西，不惜和他起衝突。技能大賽當天，社長要我從左側起手，我不聽，仍執意從右側開始，結果還是輸掉了比賽。在我離開秋山木工，去別的地方學習之後，才漸漸領悟社長經常說的那句話：「頑固不化是行不通的，一流匠人必須靈活。」

現在，我作為廠長，負責高效生產不負秋山木工名聲的傢俱，同時還擔當社長安排的另一個任務，那就是培養新學徒，讓他們成長為優秀工匠。不能讓他們因年輕而驕縱，要叮囑他們取用的的東西務必歸回原位、借用的東西要如期歸還、收到禮物要回信致謝……等，讓他們確實明白，作為一個社會人要懂得這些理所當然的禮節，這十分重要。基本的都不會，何以待人接物？只要懂得時時站在對方的立場思考，每日行為自會改變。

至於孝敬父母方面，我每年都會自製傢俱送給他們。從入社第一年開始，每年增加一個，十五年後的今天，父母的屋裡已擺滿了我做的傢俱。雖然爸媽說夠了，但我還會繼續努力滿足他們的需要。

近藤洋志 (57 歲) ／
澆灌心田裡的孝道種子

我一直協助秋山社長工作，負責秋山木工日常事務，如今已三十年了。

我們的人才教育理念是——為社會、為大眾培養能大顯身手的一流工匠。為此，最基本要求就是必須踐行孝道。我們每天對學徒們強調秋山社長提出的：「不珍重父母的人就不會珍重客戶」的理念。

孩子們並不真正知道，父母是如何辛苦地呵護，自己才能長大，讓他們體悟到這件事是我們的責任。當他們明白，原來爸媽那麼為自己擔心，就會湧現感激之情。我們要為孩子們心田裡的孝道種子澆水、施肥，幫助它們開花結果。

電視裡那些奧運得獎的運動員總說：「能獲得這枚獎牌，不是我一個人的能力，而是所有支持我的人共同努力的成果。」我想，缺乏感恩之心的人，在任何領域都不可能有成

就。因為感恩自己受到的幫助，自己也會樂於去幫助別人。我覺得這是人類良善的本質。

對於那些不能理解秋山教誨的孩子，我就把秋山的話掰開揉碎了，再講解給他們聽。社長生氣時只說要點，新學徒往往搞不清為什麼，於是我就進一步解說，這樣他們就能順服。

關於這個問題，解決方法是，前輩指導後輩之前必須先去理解他們的困難。在幫助下慢慢明白社長意圖的孩子增多了，於是我就督促他們再去指導低年級的學徒。如此一來，指導者本人因為又重複了一遍，就把重要的事情記得更牢固了。

說到秋山木工為什麼要同食同宿、過集體生活，這是有道理的。今天現場這件事做得很好、今天那裡出現了如此失誤……，不管出什麼事，因為大家生活在一起，才可以立即互相通報，也隨時共同學習進步，這是秋山社長的基本出發點。所以我每年也都跟大家說：「難得有這樣的學習場所，好好把握利用吧！」

因為秋山木工的男女學員都要剃光頭，且禁止使用手機、禁止談戀愛，所以被外界視為一家十分嚴苛的公司；但依我之見，全世界像秋山木工這樣認真為每個學徒著想的公司，只此一家、別無分號了。今後我們還會一本深刻的愛，為了把孩子們培養成一流工匠而堅持努力。

國家圖書館出版品預行編目 (CIP) 資料

行孝：激發匠人精神的核心秘訣 / 秋山利輝
著；陳曉麗譯 . -- 初版 . -- 臺北市：正好文化，
2020.08
　面；　公分 . -- (事業經；1)
ISBN 978-986-97155-6-0(平裝)

1. 孝悌 2. 生活指導

193.3　　　　　　　　　　　　109010887

事業經 1
行孝
激發匠人精神的核心秘訣

秋山利輝／著
陳曉麗／譯

總 編 輯　夏瑞紅
文字編輯　日比野大輔、趙長城
美術設計　銳的設計 (Re Ed. Design)
行政編輯　謝依君

發 行 人　梁正中
出 版 者　正好文化事業股份有限公司
地　　址　台北市民權東路三段 106 巷 21 弄 10 號 1 樓
電　　話　(02)2545-6688
網　　站　www. zenhow.group/book
電子信箱　book@zenhow.group

總 經 銷　時報文化出版企業股份有限公司
電　　話　(02)2306-6842
地　　址　桃園市龜山區萬壽路二段 351 號
製版印刷　中原造像股份有限公司

初版一刷　2020 年 10 月
定　　價　300 元

ISBN:978-986-97155-6-0

正好文化
Zen How Book